同济博士论丛
TONGJI Dissertation Series
总主编 伍 江 副总主编 雷星晖

薛东焱 刘玉擎 著

双层公路斜拉桥复合桁架梁关键构造研究

Study on Key Structures of Composite Truss for Double-Deck Cable-Stayed Bridge

同濟大學出版社
TONGJI UNIVERSITY PRESS

内 容 提 要

本书以双层复合桁架斜拉桥为研究对象，运用有限元分析和试验研究的方法，对混合梁结合段的受力性能、复合桁架节点的静力及疲劳性能以及多钉剪力连接件的力学性能进行了研究，并得出了一系列有价值的结论。

本书可作为土木工程、桥梁与隧道工程师生的学习用书，也可为桥梁工程相关专业的科研工作者的参考用书。

图书在版编目(CIP)数据

双层公路斜拉桥复合桁架梁关键构造研究 / 薛东焱，刘玉擎著. —上海：同济大学出版社，2017.8

(同济博士论丛/伍江总主编)

ISBN 978-7-5608-6872-1

Ⅰ. ①双… Ⅱ. ①薛…②刘… Ⅲ. ①公路桥—斜拉桥—桁架—构造—研究 Ⅳ. ①U448.14

中国版本图书馆 CIP 数据核字(2017)第 076102 号

双层公路斜拉桥复合桁架梁关键构造研究

薛东焱　刘玉擎　著

出 品 人　华春荣　　责任编辑　胡晗欣　熊磊丽

责任校对　徐春莲　　封面设计　陈益平

出版发行　同济大学出版社　　www.tongjipress.com.cn

(地址：上海市四平路 1239 号　邮编：200092　电话：021-65985622)

经　　销　全国各地新华书店

排版制作　南京展望文化发展有限公司

印　　刷　浙江广育爱多印务有限公司

开　　本　787 mm×1092 mm　1/16

印　　张　10.75

字　　数　215 000

版　　次　2017 年 8 月第 1 版　　2017 年 8 月第 1 次印刷

书　　号　ISBN 978-7-5608-6872-1

定　　价　53.00 元

“同济博士论丛”编写领导小组

组　　　长：杨贤金　钟志华

副　组　长：伍　江　江　波

成　　　员：方守恩　蔡达峰　马锦明　姜富明　吴志强
徐建平　吕培明　顾祥林　雷星晖

办公室成员：李　兰　华春荣　段存广　姚建中

“同济博士论丛”编辑委员会

袁万城　莫天伟　夏四清　顾　明　顾祥林　钱梦騄
徐　政　徐　鉴　徐立鸿　徐亚伟　凌建明　高乃云
郭忠印　唐子来　阎耀保　黄一如　黄宏伟　黄茂松
戚正武　彭正龙　葛耀君　董德存　蒋昌俊　韩传峰
童小华　曾国荪　楼梦麟　路秉杰　蔡永洁　蔡克峰
薛　雷　霍佳震

秘书组成员： 谢永生　赵泽毓　熊磊丽　胡晗欣　卢元姗　蒋卓文

总 序

在同济大学110周年华诞之际，喜闻“同济博士论丛”将正式出版发行，倍感欣慰。记得在100周年校庆时，我曾以《百年同济，大学对社会的承诺》为题作了演讲，如今看到付梓的“同济博士论丛”，我想这就是大学对社会承诺的一种体现。这110部学术著作不仅包含了同济大学近10年100多位优秀博士研究生的学术科研成果，也展现了同济大学围绕国家战略开展学科建设、发展自我特色，向建设世界一流大学的目标迈出的坚实步伐。

坐落于东海之滨的同济大学，历经110年历史风云，承古续今、汇聚东西，秉持“与祖国同行、以科教济世”的理念，发扬自强不息、追求卓越的精神，在复兴中华的征程中同舟共济、砥砺前行，谱写了一幅幅辉煌壮美的篇章。创校至今，同济大学培养了数十万工作在祖国各条战线上的人才，包括人们常提到的贝时璋、李国豪、裘法祖、吴孟超等一批著名教授。正是这些专家学者培养了一代又一代的博士研究生，薪火相传，将同济大学的科学研究和学科建设一步步推向高峰。

大学有其社会责任，她的社会责任就是融入国家的创新体系之中，成为国家创新战略的实践者。党的十八大以来，以习近平同志为核心的党中央高度重视科技创新，对实施创新驱动发展战略作出一系列重大决策部署。党的十八届五中全会把创新发展作为五大发展理念之首，强调创新是引领发展的第一动力，要求充分发挥科技创新在全面创新中的引领作用。要把创新驱动发展作为国家的优先战略，以科技创新为核心带动全面创新，以体制机制改革激发创新活力，以高效率的创新体系支撑高水平的创新型国家建设。作为人才培养和科技创新的重要平台，大学是国家创新体系的重要组成部分。同济大学理当围绕国家战略目标的实现，作出更大的贡献。

大学的根本任务是培养人才，同济大学走出了一条特色鲜明的道路。无论是本科教育、研究生教育，还是这些年摸索总结出的导师制、人才培养特区，“卓越人才培养”的做法取得了很好的成绩。聚焦创新驱动转型发展战略，同济大学推进科研管理体系改革和重大科研基地平台建设。以贯穿人才培养全过程的一流创新创业教育助力创新驱动发展战略，实现创新创业教育的全覆盖，培养具有一流创新力、组织力和行动力的卓越人才。“同济博士论丛”的出版不仅是对同济大学人才培养成果的集中展示，更将进一步推动同济大学围绕国家战略开展学科建设、发展自我特色、明确大学定位、培养创新人才。

面对新形势、新任务、新挑战，我们必须增强忧患意识，扎根中国大地，朝着建设世界一流大学的目标，深化改革，勠力前行！

万　钢

2017 年 5 月

论丛前言

承古续今，汇聚东西，百年同济秉持“与祖国同行、以科教济世”的理念，注重人才培养、科学研究、社会服务、文化传承创新和国际合作交流，自强不息，追求卓越。特别是近20年来，同济大学坚持把论文写在祖国的大地上，各学科都培养了一大批博士优秀人才，发表了数以千计的学术研究论文。这些论文不但反映了同济大学培养人才能力和学术研究的水平，而且也促进了学科的发展和国家的建设。多年来，我一直希望能有机会将我们同济大学的优秀博士论文集中整理，分类出版，让更多的读者获得分享。值此同济大学110周年校庆之际，在学校的支持下，“同济博士论丛”得以顺利出版。

“同济博士论丛”的出版组织工作启动于2016年9月，计划在同济大学110周年校庆之际出版110部同济大学的优秀博士论文。我们在数千篇博士论文中，聚焦于2005—2016年十多年间的优秀博士学位论文430余篇，经各院系征询，导师和博士积极响应并同意，遴选出近170篇，涵盖了同济的大部分学科：土木工程、城乡规划学(含建筑、风景园林)、海洋科学、交通运输工程、车辆工程、环境科学与工程、数学、材料工程、测绘科学与工程、机械工程、计算机科学与技术、医学、工程管理、哲学等。作为“同济博士论丛”出版工程的开端，在校庆之际首批集中出版110余部，其余也将陆续出版。

博士学位论文是反映博士研究生培养质量的重要方面。同济大学一直将立德树人作为根本任务，把培养高素质人才摆在首位，认真探索全面提高博士研究生质量的有效途径和机制。因此，“同济博士论丛”的出版集中展示同济大学博士研究生培养与科研成果，体现对同济大学学术文化的传承。

“同济博士论丛”作为重要的科研文献资源，系统、全面、具体地反映了同济大学各学科专业前沿领域的科研成果和发展状况。它的出版是扩大传播同济科研成果和学术影响力的重要途径。博士论文的研究对象中不少是“国家自然科学基金”等科研基金资助的项目，具有明确的创新性和学术性，具有极高的学术价值，对我国的经济、文化、社会发展具有一定的理论和实践指导意义。

“同济博士论丛”的出版，将会调动同济广大科研人员的积极性，促进多学科学术交流、加速人才的发掘和人才的成长，有助于提高同济在国内外的竞争力，为实现同济大学扎根中国大地，建设世界一流大学的目标愿景做好基础性工作。

虽然同济已经发展成为一所特色鲜明、具有国际影响力的综合性、研究型大学，但与世界一流大学之间仍然存在着一定差距。“同济博士论丛”所反映的学术水平需要不断提高，同时在很短的时间内编辑出版 110 余部著作，必然存在一些不足之处，恳请广大学者，特别是有关专家提出批评，为提高同济人才培养质量和同济的学科建设提供宝贵意见。

最后感谢研究生院、出版社以及各院系的协作与支持。希望“同济博士论丛”能持续出版，并借助新媒体以电子书、知识库等多种方式呈现，以期成为展现同济学术成果、服务社会的一个可持续的出版品牌。为继续扎根中国大地，培育卓越英才，建设世界一流大学服务。

伍　江

2017 年 5 月

前言

双层公路桥梁能使城市交通向着立体化、空间化的方向发展，是解决城市交通拥堵问题的有效手段，具有较好的发展前景。上海闵浦大桥为主跨 708 m 双塔双索面双层桥面斜拉桥，上、下层分别为双向 8 车道高速公路和双向 6 车道地方道路。其中跨为钢桁架结构，边跨是由外包混凝土的型钢弦杆、钢竖腹杆、钢斜腹杆、钢斜撑杆、预应力混凝土横梁和混凝土桥面板构成的复合桁架结构。为此，通过模型试验和有限元计算，对钢桁架与复合桁架的混合梁结合段、弦杆与腹杆的连接节点以及钢与混凝土结合面连接件等进行了系统研究。

(1) 以闵浦大桥混合梁结合段为研究对象，进行了结合段局部模型受力性能加载试验，并考虑钢与混凝土间的焊钉连接件作用，对主梁结合段进行了有限元计算分析。依据试验结果和计算结果，探讨了结合段主要板件的应力分布、传力途径、弦杆承载比例和承压板焊钉连接件受力特点等内容。

(2) 针对闵浦大桥边跨复合桁架节点的构造特点，应用有限元子模型的方法，建立了全桥整体模型、节段梁模型、节点模型，对复合桁架节点受力性能的影响因素进行了分析，并开展了复合桁架节点模型的承载性能试验。依据试验结果和计算结果，研究了主要构件的应力分布、传力路径、承载比例、钢与混凝土相对滑移和节点板焊钉连接件受力特点等内容。

(3) 比较分析复合桁架桥梁的节点形式及其构造特点，研发了节点板开孔式节点和开孔肋板式节点两种新型的节点构造形式。并设计不同节点的模型试件，进行了疲劳承载性能试验，揭示了节点的抗疲劳性能。

(4) 通过焊钉连接件推出试验，分别针对多钉与单钉的不同布置情况进行了对比试验研究。分析了焊钉间距对焊钉的刚度、极限剪切强度、极限滑移和破坏模式的影响，提出了适用于单钉和多钉的焊钉连接件的荷载-滑移关系表达式，并把试验结果与相关规范进行了比较分析。

目　录

第1章 绪论

1.1 研究背景与目的

随着经济的发展、城市化进程的加快和居民生活水平的不断提高，汽车保有量迅速攀升，交通拥堵问题日益严重，单纯依靠增加平面交通很难从根本上解决这一难题。此外，城市现有空间被极大压缩，土地使用情况紧张，无法提供大量土地用于交通基础设施建设。双层桥梁在这一背景下应运而生，它能够满足现代交通发展的需求，使城市交通向着立体化、空间化的方向发展，是解决城市交通拥堵问题的有效手段，具有很好的发展前景。

双层桥梁，具有节省建设用地、交通通行量大、经济性好的优点。

桁架桥梁，具有自重轻、节省材料、受力合理、传力明确的优点。

组合结构桥梁，能够较好地利用混凝土抗压强度高、钢材抗拉强度高的特点，充分发挥两种材料的性能，达到节省用材、经济性最佳的目的[1]。

将这三种桥梁结构的特点有机地结合在一起，就形成了一种新型桥梁结构型式——双层复合桁架桥梁，它是一种上、下桥面板均采用混凝土结构，腹杆采用钢结构的双层桁架桥梁。双层复合桁架桥梁兼具上述三种桥型的优点,是一种值得推广的桥梁结构型式。

1.1.1 复合桁架桥梁建设概况

在 Pierre Richard 所设计的科威特 Bubiyan 桥中,箱梁的顶板和底板由一空间钢筋混凝土桁架结构连接为一整体,受到该桥设计思想的启发,20 世纪 80 年代初期,法国的几位从事混凝土桥梁设计的工程师提出了试图用钢结构构件代替预应力混凝土箱梁中的混凝土腹板的构思[2]。法国设计师在提出钢腹杆组合箱梁新型结构后,对其进行了积极的探索并取得了显著的成就。在法国最先开发出了用钢制桁架式腹杆代替箱梁的混凝土腹板的结构形式[3],于 1985 年建成了 Arbois 桥,该桥为一座三跨连续梁桥,如图 1-1 所示。于 1997 年建成 Boulonnais 高架桥,该桥为多跨连续刚构桥,如图 1-2 所示,其外观优美,已经成为当地的一大景观[4]。在这之后,法国又成功地将钢腹杆组合截面应用于刚构桥型中,于 2001 年底建成 Bras de la plaine 桥,见图 1-3。

在日本,受到 Arbois 桥的启发,也先后修建了多座用钢腹杆代替混凝土腹板的预应力箱梁桥,如日本的 Kinikawa 高架桥、Shitsumi 大桥、Sarutagawa 桥和 Tomoegawa 桥等。如图 1-4~图 1-6 所示。

图 1-1 法国 Arbois 桥(1985)

图 1－2 法国 Boulonnais 高架桥(1997)

图 1－3 法国 Bras de la plaine 桥(2001)

图 1－4 日本 Kinikawa 高架桥(2003)

图 1-5　日本 Shitsumi 桥(2005)

图 1-6　日本 Sarutagawa 桥和 Tomoegawa 桥(2006)

钢腹杆桥梁除了在法国和日本得到应用外，德国、瑞士和葡萄牙等国家也对此类桥梁进行了一定的研究和尝试。1993 年建成的德国 Nantenbach 桥是一座三跨连续梁桥，曾被授予钢结构创新奖及德国最著名结构的荣誉，如图 1-7 所示。瑞士于 2004 年建成了 Dreirosen 桥[5]，是一座双层桥面的三跨连续桁架梁桥，该桥的腹杆采用了钢腹杆，如图 1-8 所示。葡萄牙的 Europe 桥[6]成功地将钢腹杆—混凝土组合截面结构应用于斜拉桥中，如图 1-9 所示。韩国的 Shin chun 桥[7]也采用了钢腹杆—混凝土组合截面形式，如图 1-10 所示。

此外，瑞士 Lully 桥、丹麦厄勒海峡大桥、日本椿原桥、中国的芜湖长江

图1-7 德国 Nantenbach 桥(1993)

图1-8 瑞士 Dreirosen 桥(2004)

图1-9 葡萄牙 Europe 桥(2004)

图 1-10　韩国 Shin chun 桥(2004)

大桥和武汉天兴洲长江大桥等桥梁采用了双层桥面的板桁结构体系。该种结构体系的构造特点是：主梁采用钢桁架结构，桥面板采用混凝土桥面板，在钢弦杆翼缘上和钢横梁上设置焊钉剪力连接件，主梁通过焊钉连接件与混凝土桥面板连接在一起，共同受力。如图 1-11～图 1-15 所示。

到目前为止，各国修建的组合桁架桥梁如表 1-1 所示。

图 1-11　瑞士 Lully 桥(1997)

图1-12 丹麦 Oresund 桥(2000)

图1-13 中国芜湖长江大桥(2000)

图1-14 日本椿原桥(2002)

图 1-15　中国武汉天兴洲大桥(2009)

表 1-1　组合桁架桥梁

序号	桥　　名	最大跨径/m	所在国家	桥　型	建成年份
1	Arbois	40.4	法国	三跨连续梁桥	1985
2	Nantenbach	208	德国	三跨连续梁桥	1993
3	Boulonnais	110	法国	多跨连续刚构	1997
4	Lully	42.75	瑞士	多跨连续梁桥	1997
5	Oresund	409	丹麦	斜拉桥	2000
6	芜湖长江大桥	312	中国	斜拉桥	2000
7	Bras de la Plaine	280	法国	单跨刚构	2001
8	椿原桥	155	日本	三跨连续梁桥	2002
9	Kinokawa	85	日本	四跨连续刚构	2003
10	Europe Bridge	186	葡萄牙	斜拉桥	2004
11	Dreirosen	105	瑞士	三跨连续梁桥	2004
12	Shin chun	80	韩国	五跨连续梁桥	2004
13	Shitsumi	75	日本	四跨连续刚构	2005
14	Sarutagawa	100	日本	六跨连续刚构	2006
15	Tomoegawa	119	日本	五跨连续刚构	2006
16	武汉天兴洲长江大桥	504	中国	斜拉桥	2009
17	上海闵浦大桥	708	中国	斜拉桥	2010

1.1.2 上海闵浦大桥简介

上海闵浦大桥是一座双塔双索面双层桥面斜拉桥，主跨 708 m，上层高速公路为双向 8 车道，桥面全宽 43.8 m；下层地方道路为双向 6 车道，桥面全宽 28 m，于 2010 年建成通车。闵浦大桥中跨为钢桁架结构，边跨是由外包混凝土的型钢弦杆主梁、钢竖腹杆、钢斜腹杆、钢斜撑杆、预应力混凝土横梁与混凝土桥面板形成一体，构成了复合桁架结构体系。

闵浦大桥跨径布置如图 1－16 所示。中跨和边跨横断面如图1－17 所示。

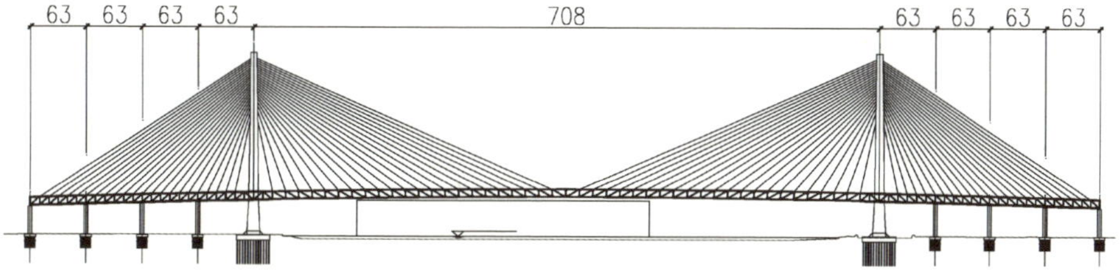

图 1－16 上海闵浦大桥(单位：m)

闵浦大桥边跨是由外包混凝土的型钢弦杆主梁、钢竖腹杆、钢斜腹杆、钢斜撑杆、预应力混凝土横梁与混凝土桥面板形成一体，构成了复合结构桁架体系。闵浦大桥边跨桁架梁不同于其他斜拉桥桁架梁的结构特点主要有：

(1) 边跨由型钢混凝土弦杆主梁、预应力混凝土横梁、钢腹杆以及预应力混凝土桥面板形成复合桁架空间体系，国内外无实例可供借鉴。

(2) 钢竖腹杆及钢斜腹杆在辅助墩附近内填混凝土，形成钢管混凝土杆件与型钢混凝土弦杆主梁连接的复杂构造体系。

(3) 横向桁架体系由上下层预应力混凝土横梁与钢竖腹杆、钢斜撑杆构成混合桁架平面体系，下层横梁处于受拉状态。

(4) 斜拉桥弦杆主纵梁首次采用型钢与混凝土组合结构，达到节省钢

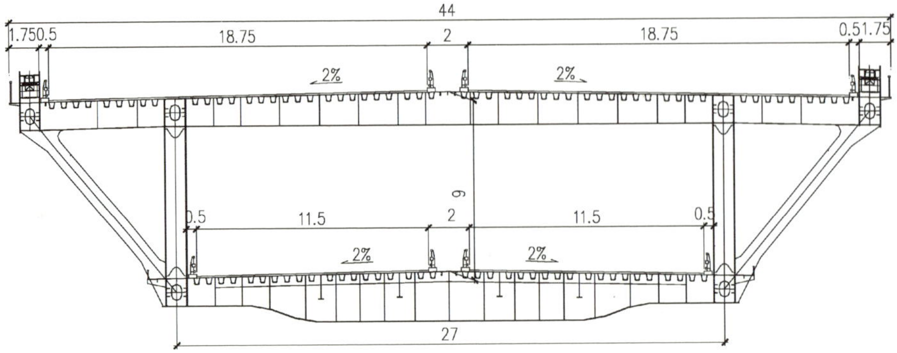

（a）中跨横断面

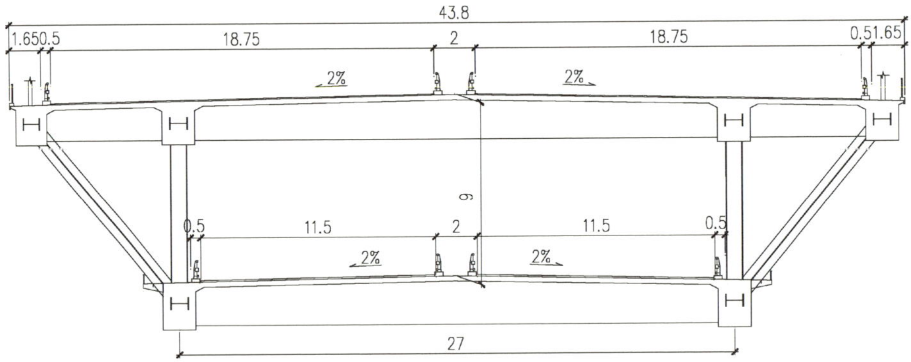

（b）边跨横断面

图 1－17　闵浦大桥标准横断面(单位：m)

材用量、施工方便的目的，但是需要确保型钢与混凝土的连接。

（5）桁架节点由多根钢腹杆、型钢混凝土弦杆主梁、混凝土横梁以及索梁锚固、预应力筋锚固形成复合构造，其节点连接细部构造国内外也无可供参考实例。

（6）边跨复合桁架与中跨钢桁架的桥面系结合，有钢箱梁与型钢混凝土梁的结合及钢桥面板与混凝土桥面板的结合两种形式，国内外也无设计实例等。

混凝土桥面板与型钢混凝土弦杆主梁、混凝土横梁、钢腹杆、钢斜撑杆的复合结合体系是一个全新的设计理念，与传统的丹麦厄勒海峡大桥、芜湖长江大桥所使用的组合梁桥面结构体系不同。值得注意的是桥面板与主弦杆、横梁构成了型钢混凝土组合结构，一旦桥面板出现裂缝其翻修是极其困难的，确保其耐久性是非常重要的。因此，对这种新型的复合桁架结构体系、节点构造以及异种梁板件的结合，有必要理出关键的技术问题，进行科学研究。

随着我国经济建设的不断发展，交通运输对跨越大江大河桥梁建设的要求也越来越高。大跨双层桥面斜拉桥是一种能够满足上述日益增长的交通需求的较佳桥型。大跨双层桥面斜拉桥在国内外已有几个工程实例，如日本的东神户大桥、丹麦的厄勒海峡大桥、芜湖长江大桥等，但是结合我国国情，开发结构体系更加合理、构造简洁明快、经济效益显著的新型复合桁架梁，对我国交通基础设施的建设具有积极的现实意义。

1.2　研究现状及问题

1.2.1　钢混结合段研究现状及存在问题

混合梁是钢梁与混凝土梁在梁体纵向通过连接件、承压板、预应力筋或锚杆等结合在一起而形成的结构[8]。在钢梁与混凝土梁结合处，分别加强钢梁和混凝土梁截面，形成钢梁加劲过渡段和混凝土梁加强过渡段。并在钢梁与混凝土梁交界面处布置足够的连接构造，如连接件、承压板、预应力筋和锚杆，形成结合部。钢梁加劲过渡段、结合部与混凝土梁加强过渡段，此三部分构造形成钢梁与混凝土梁间的结合段[9]。该部位的主要功能是保证钢梁和混凝土梁之间刚度的匀顺过渡和力的顺畅传递。结合段的构造和受力往往较为复杂，成为混合梁设计的关键环节之一[10]。

就目前调研的结果来看，国外关于混合梁结合段的研究较少，国内随着混合梁应用的推广和建造数量的增多，相关的研究也逐渐越来越多。

1989 年，Mori K[11] 对结合段构造进行了分类，对结合段单个钢格室进行加载试验，比较前承压板和后承压板两种格室的受力性能，推荐采用受力性能较好、施工较为方便的有格室后承压板构造。通过对焊钉、角钢、锚固筋和环形筋的推出试验，选择结合段连接件，推荐采用刚度大、承载力高和施工性较好的角钢连接件，并依据构造需要混合配置焊钉连接件。

1989 年，Yamagishi K. 和 Tada K. 等[12] 对结合段建立空间有限元模型，分析了结合段承压混凝土的应力分布。通过平面有限元分析，进行结合段混凝土配筋。通过试验和有限元分析，可知承压板分担轴力 35%～45%。

1997 年，文武松等[13] 针对磬石大桥的连接方式，通过模型试验，分析了连接部位的传力机理及邻近区域的应力分布。

2006 年，陈开利等[14] 结合桃夭门大桥，采用 1∶2 的缩尺，对结合段进行了模型试验研究。通过试验，研究了截面正应力分布规律、抗裂性、剪滞效应、应力的纵向传递、剪应力分布等。

2006 年，叶梅新和蒋彪[15] 介绍了目前国内外混合梁主要的结合形式，针对某大桥钢—混结合段设计制作了 1∶4 缩尺模型，并进行有限元分析和试验，研究了钢—混结合段的位移、附近区域的应力分布、结合面处钢与混凝土之间的相对滑移以及混凝土梁表面的裂缝发展。

2006 年，吴文明等[16] 以某桥实际工程为背景，提出了一种采用开孔板连接件的新型钢拱肋与混凝土拱肋结合段的设计方法并进行了局部足尺模型加载试验，测试了连接部各部分应力分布，分析钢与混凝土间的传力机理。

2007年，占玉林等[17]以东平大桥为研究对象，采用1∶2.5的缩尺模型，对钢箱梁与预应力混凝土梁肋结合段进行了模型试验研究。试验加载程序分为静力设计荷载加载、疲劳荷载加载及破坏荷载加载三个阶段，研究了模型结构的挠度变化、结合面的应力分布、剪力连接件的工作情况和裂缝的分布情况等。

2007年，刘荣和刘玉擎[18]介绍了结合段的构造形式以及设计技术的新发展，并建立了考虑焊钉连接件非线性作用的三维实体有限元计算模型，通过数值模拟研究了结合段焊钉连接件的受力特点。

2009年，刘荣等[19]通过建立考虑钢与混凝土间接触、滑移的精细化有限元模型，研究了结合段的受力性能。比较了承压面混凝土应力分布、连接件应力和力的传递比例，并分析承压板厚度和连接件刚度对结合段受力的影响。

此外，研究人员还针对混合梁结合段做了其他相关的研究[20-24]。

钢梁与混凝土梁的结合段是结构特性和材料特性突变处，容易形成结构的弱点。虽然科研人员针对混合梁结合段做了一定的研究工作，但是结合段的受力性能和传力机理仍不是十分清楚，需进一步进行理论分析，如条件允许，应通过模型试验来研究其受力、传力机理。尤其对于本书的研究对象闵浦大桥来说，其构造独特，与其他混合梁并不完全相同，除了在桥面板处存在结合外，在弦杆处同样存在混合梁过渡的问题，并且在弦杆处，混凝土弦杆中设有钢弦杆，钢弦杆对于结合段的传力性能起到什么样的作用，存在什么样的影响，需做出专门的研究。

1.2.2 复合桁架节点研究现状及存在问题

由于复合桁架桥梁具有受力合理、节省材料、经济性好、造型美观的特点，逐渐受到人们的青睐。随着该种桥梁的建设越来越多，针对复合桁架桥梁及其节点的研究也越来越受到人们的重视。到目前为止，国内外科研人员针对复合桁架节点的性能做了一定的研究工作：

2000年，瑞士的 Aldo Bacchetta 和 Hans G. Dauner[25]从设计和施工两个方面入手，详细介绍了 Dreirosen 桥的基本情况，尤其对复合桁架节点的构造进行了阐述。

2000年，日本的 Pison Udomworarat 和 Chitoshi Miki 等[26]针对 K 形内填混凝土钢管节点性能做了有限元分析，并分别对填充混凝土和不填充混凝土的情况进行了疲劳试验和极限强度试验研究。分析和研究结果表明，节点处填充混凝土可以减小应力集中，提高节点极限强度和抗疲劳性能。

2002年，日本的 Pison Udomworarat 和 Chitoshi Miki 等[27]对桁架桥梁 K 形组合钢管节点的疲劳性能进行了试验研究。通过 10 个构造细节不同的 K 形节点疲劳试验，提出了改善节点耐疲劳性能的构造细节和方法。

2004年，日本的 Yoshinaga Sakai 等[28]针对钢管混凝土 K 形节点进行了极限强度和疲劳试验研究。设计了 6 种不同形式的填充混凝土节点、不填充混凝土节点和补强节点，做静力试验研究。静力试验研究结果表明，填充混凝土的节点极限承载能力是不填充混凝土的节点的 2 倍。根据静力试验结果选取了 3 个试件做疲劳试验，结果表明该节点具有足够的抗疲劳强度。

2004年，日本的 Toshio Nomura 等[29]研究了钢环连接件式节点的力学性能，该种节点具有良好的连接性能，能够承担设计荷载。推荐的公式可以计算出剪切强度。

2004年，日本的 Akio Shoji 等[30]研究了 4 种不同的节点连接构造，通过有限元分析方法、极限承载力试验和疲劳试验，讨论了合理的节点设计型式。

2006年，日本的 Hiroki Ogawa 等[31]以猿田川桥和巴川桥为研究对象，对开孔板式节点的设计方法进行了探讨，并对该节点做了试验研究，介绍了节点的加工方法和施工过程。

2006年,日本的Kosuke Furuichi和Yoshihiro Hishiki等[32]详细总结了现有的复合桁架节点的构造形式,并解释了这些节点的特性。作者提出了新型的复合桁架节点构造型式,进而通过分析和试验研究,阐述了新型复合桁架节点的设计方法。

2006年,日本的Hiroshi Murata等[33]对预应力混凝土桁架和钢纤维预应力混凝土桁架进行了对比研究,并提出了新的使用钢纤维混凝土的组合节点型式。

2008年,日本的Yuji Sato等[34]针对开孔板连接件和焊钉连接件两种不同连接方式的组合桁架桥梁节点,进行了受力性能试验研究,并运用三维有限元方法分析了节点的力学特性。通过试验和有限元分析,揭示了节点传力机理和承载能力。结果表明,现有的极限强度公式能够满足设计要求。

2008年,中国天津大学Y. Yin和Q. H. Han等[35]针对N形节点滞回性能进行了试验研究,根据是否在钢管内添加混凝土和安装补强板,设计了4种试件。观察了试件的失效模式,得到了滞回曲线,基于滞回曲线计算出了延性比和能量耗散比,对试件的极限承载力进行了分析和比较。

2008年,黄生富[36]针对复合桁架节点的受力性能,运用有限元分析的方法进行了研究分析,得到了一些有价值的结论。

2010年,澳大利亚的Fidelis Rutendo Mashiri和Xiaoling Zhao[37]研究了空心方钢管T形节点的疲劳性能,试验结果表明,填充了混凝土节点与空心节点相比,热点位置的应力集中因子要低,抗疲劳强度要好。

2010年,韩国的Kwang-Hoe Jung等[7]针对五种不同型式的预应力混凝土混合梁进行了试验研究,其中两种为波折腹板混合梁,三种为钢腹杆混合梁。研究结果表明,钢腹杆和节点连接型式的改善,能够较大程度地提高结构的刚度和极限承载力。

2010 年，韩国的 Chang-Su Shim 和 Dong-Wook Kim[38]研究了焊有弯曲焊钉的节点的受力性能，试验结果显示，现行欧洲规范对计算连接件的剪力具有一定的安全富余量，通过增加焊钉的数量和混凝土板的强度，可以提高节点的承载力。

其他学者针对组合桁架和相关节点也做出了一些研究工作[39-77]。但是到目前为止，复合桁架节点的受力性能和传力机理尚不十分明确，研究方法相对简单，研究理论还不是很完善，设计方法也不是很成熟，国内还没有相关的规范可供参考。尤其对于类似闵浦大桥这种的钢弦杆式节点，由于出现的时间相对较晚，应用该种节点的桥梁也比较少，很少看到相关的文献报道，还没有人对这一类型节点做出专门的研究。这些存在的问题亟待研究解决，需要科研人员给予重视。

1.2.3 焊钉剪力连接件研究现状及存在问题

焊钉是钢与混凝土组合结构中最常用的剪力连接件之一，起到保证钢与混凝土之间的连接，并使作用力在异种材料之间传递的作用。它具有受力各向同性、施工简便的特点，因而得到了广泛的应用。

焊钉的基本力学性能是通过推出试验获得的，根据以往的研究成果，组合结构中焊钉受力性能主要影响因素有：焊钉的直径、高度和抗拉强度，混凝土的抗压强度和弹性模量，混凝土的浇筑方向，钢筋的材料属性以及焊接的质量等。在现行的各国规范中，计算焊钉剪切强度的设计方法也都是基于推出试验确定的。

20 世纪 30 年代，瑞典人最早采用推出试验的方法来研究剪力连接件的传力性能。从 20 世纪 50 年代开始，各国研究人员做了大量的焊钉推出试验，获得了宝贵的第一手资料，取得了丰硕的研究成果。

1956 年，Viest IM[78]做了 12 个推出试验，试验中焊钉的有效高度和焊钉直径的比率是变化的。在试验中，观察到了三种试件失效模式：第一种失效模式是焊钉被剪断而混凝土未发生破坏;第二种失效模式是混凝土破坏而焊钉未发生破坏;第三种失效模式是焊钉和混凝土同时发生破坏。进而提出了评估焊钉剪切强度的公式。

Chinn J[79]和 Isabel B. Valente[80]分别在 1965 年和 2009 年通过推出试验研究钢与轻质混凝土组合结构中剪力连接件的性能。根据荷载-滑移曲线分析剪力连接件的性能,并验证了失效模式。同时,定量地分析了极限承载力、最大滑移、弹性滑移和塑性滑移。

1996 年,Li An[81]做了在普通混凝土和高强混凝土中焊钉的推出试验,发现混凝土抗压强度是影响焊钉连接件强度的显著因素。当使用高强混凝土时,横向钢筋的数量对连接件性能的影响不可忽略。当使用普通混凝土时,横向钢筋的数量对连接件的性能会产生一些影响。提出设计公式中应考虑焊钉与周围混凝土之间的相互作用。

Chang-Su Shim[82]和 Pil-Goo Lee[83]分别在 2004 年和 2005 年研究了直径超过 30 mm 的大尺寸焊钉的静力和疲劳性能,这种尺寸的焊钉超出了当前设计规范的范围。剪力连接件的极限强度的结果表明,对大尺寸焊钉来说欧洲规范Eurocode－4 和美国规范 AASHTO LRFD 的取值比较保守。试验中得到的疲劳耐久性略低于现行的欧洲规范 Eurocode－4。

2007 年,Dennis Lam[84]研究了设有预留孔的预制板中焊钉的承载力。通过对 72 个足尺推出试验结果的分析,总结了对焊钉强度和延性有影响的参数,提出了针对该种结构的计算焊钉承载力的设计公式。

2005 年,Youn-Ju Jeong[85]运用推出试验和商业结构分析软件,针对推出试验部分相互作用进行了分析。结果表明可以用文中提出的分析方法准确、有效地分析推出试验的部分相互作用。

Ehab Ellobody[86]和 Huu Thanh Nguyen[87]在 2006 年和 2009 年分别建立了精确的非线性有限元推出试验模型研究焊钉剪力连接件的性能。通过与其他研究人员的试验结果进行对比分析,验证了有限元分析结果的正确性。

2009 年,Hyun-Ho Kim[88]制作了焊钉水平放置浇筑推出试件和水平、竖直混合放置浇筑推出试件,研究在双层组合截面中焊钉剪力连接件的性能。

2007 年,Gerhard Hanswille[89]通过推出试验来研究焊钉的疲劳性能,探讨了受到单向循环荷载作用后,焊钉剪力连接件静力极限强度减小的可能性。

2008 年,Weichen Xue[90]通过推出试验研究了焊钉性能的影响因素,分析了焊钉传递剪力的机理,建议新的焊钉荷载-滑移关系表达式,提出了焊钉承载力计算模型。

2010 年,Luis Pallares 和 Jerome F. Hajjar[91]从相关文献搜集了 391 个焊钉单调和循环推出试验的试验数据和相关建议公式。基于对已有试验数据的分析和总结,建议当预计混凝土失效时,使用一个新的公式来分析结构受力;当预计焊钉失效时,使用一个现有的公式来分析结构受力。

2006 年,Jun Okada[92]基于推出试验探讨了焊钉的失效模式和剪切强度。运用有限元的方法,探讨了群钉布置的失效机理,对焊钉间距和混凝土强度进行了参数分析,并提出了群钉剪切强度降低的计算公式。

此外,还有一些其他科研人员也对焊钉剪力连接件的力学性能做了大量的研究工作[93-104]。

但是,目前学者的研究绝大多数都是针对单钉情况进行研究,很少有人专门针对多钉的情况做出研究。而在实际工程中,往往存在很多焊钉密集布置的情况,这种密布焊钉的性能能否用单钉的性能来表达,尚存在疑问,需要做出专门的研究。

1.3　主要研究内容和研究方法

目前，国内外复合桁架桥梁的建设正处于起步阶段，建成的复合桁架桥梁较少，关于这方面的科研工作和科研成果也比较少。复合桁架桥梁的性能，尤其是复合桁架结合段和复合桁架节点的受力性能、传力机理、设计原则等亟待研究。

本书拟通过有限元分析和试验研究，从以下 6 个方面，针对复合桁架斜拉桥的关键构造进行研究，主要研究内容、研究方法和技术路线如图 1－18 所示。

1. 结合段有限元分析

闵浦大桥结合段采用端承压板型式，与其他端承压板式混合梁并不完全相同，除了在桥面板处存在结合外，在弦杆处同样存在混合梁过渡的问题，并且在弦杆处，混凝土弦杆中设有钢弦杆，钢弦杆焊接在承压板上，作为传力结构的一部分。这种结合段构造具有其独特性，其设计是否合理、传力是否可靠、刚度过渡是否平稳等都需要做出深入的研究。

本书以闵浦大桥复合桁架和钢桁架结合段为研究对象，建立有限元模型，进行受力性能分析。分别对钢梁段、混凝土梁段和焊钉连接件的受力情况进行分析，探讨结合段的传力的模式和效果，受力的性能和特点，以及应力扩散的均匀性和平稳性等。

2. 结合段局部模型试验研究

在目前，结合段的相关研究理论还不是十分成熟的情况下，结合段的受力和传力机理宜通过模型试验来研究，通过试验来验证结合段的基本力学性能，并根据试验数据来分析结合段的力学性能，判断设计是否合理。

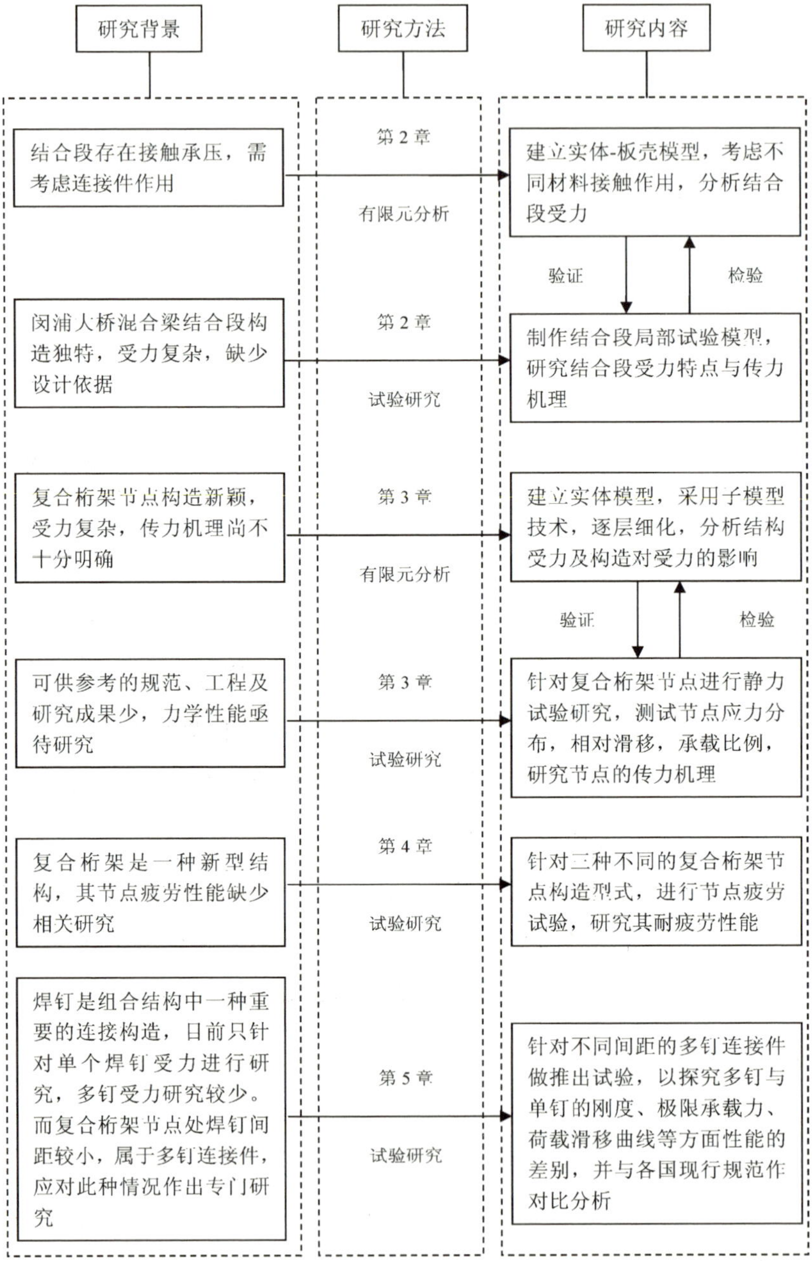
研究背景
研究方法
研究内容
结合段存在接触承压，需考虑连接件作用
第 2 章
有限元分析
建立实体-板壳模型，考虑不同材料接触作用，分析结合段受力
验证
检验
闵浦大桥混合梁结合段构造独特，受力复杂，缺少设计依据
第 2 章
试验研究
制作结合段局部试验模型，研究结合段受力特点与传力机理
复合桁架节点构造新颖，受力复杂，传力机理尚不十分明确
第 3 章
有限元分析
建立实体模型，采用子模型技术，逐层细化，分析结构受力及构造对受力的影响
验证
检验
可供参考的规范、工程及研究成果少，力学性能亟待研究
第 3 章
试验研究
针对复合桁架节点进行静力试验研究，测试节点应力分布，相对滑移，承载比例，研究节点的传力机理
复合桁架是一种新型结构，其节点疲劳性能缺少相关研究
第 4 章
试验研究
针对三种不同的复合桁架节点构造型式，进行节点疲劳试验，研究其耐疲劳性能
焊钉是组合结构中一种重要的连接构造，目前只针对单个焊钉受力进行研究，多钉受力研究较少。而复合桁架节点处焊钉间距较小，属于多钉连接件，应对此种情况作出专门研究
第 5 章
试验研究
针对不同间距的多钉连接件做推出试验，以探究多钉与单钉的刚度、极限承载力、荷载滑移曲线等方面性能的差别，并与各国现行规范作对比分析

图 1-18　研究技术路线

本书选取闵浦大桥结合段的弦杆过渡段进行试验研究，制作 1∶2.5 缩尺的结合段局部试验模型，考虑预应力的作用，对试件整体施加轴向压力，最大压力加到 1.7 倍的设计荷载。测试试件不同断面钢结构和混凝土的应变分布，研究试验荷载作用下结合段局部模型的受力性能。同时，建立与试验模型完全相同的有限元计算模型，有限元模型分析所施加的荷载和边界条件，完全按照与模型试验一致的情况来模拟。把试验结果与有限元分析的结果进行对比，进一步验证结合段局部的传力性能。

3. 复合桁架节点有限元分析

本书对闵浦大桥复合桁架下弦 E6 节点进行了有限元计算分析，运用子模型技术，分别建立闵浦大桥全桥模型，节段梁模型和节点模型，逐层细化分析，研究节点受力性能。通过有限元计算，得到了节点钢结构和混凝土结构应力分布的大小和特点，节点板焊钉连接件剪力分布规律，弦杆中钢与混凝土承担荷载的比例等。并对可能影响节点受力性能的因素，诸如焊钉的布置方式、焊钉刚度的取值、钢垫板的设置与否、钢腹杆是否填充混凝土等进行了详细的计算对比分析。

4. 复合桁架节点受力性能试验研究

本书采用 1∶2.5 缩尺模型，针对复合桁架桥梁节点的基本受力性能进行了试验研究，为了试验的方便和可操作性，根据节点的特性和有限元分析的结果，对模型进行了适当的简化。得到节点钢结构和混凝土在 1.7 倍设计荷载作用下的应力分布大小和特点，荷载在竖腹杆方向、斜腹杆方向、水平方向传力的性能，弦杆中钢与混凝土承担荷载的比例等。同时，建立与试验模型完全相同的有限元计算模型，有限元模型分析所施加的荷载和边界条件，完全按照与模型试验一致的情况来模拟。把试验结果与有限元分析的结果和试验结果进行了对比分析。

5. 复合桁架节点疲劳性能试验研究

本书介绍了现有的复合桁架节点的构造型式，根据节点传力的特性并参考已有的节点构造，设计了两种新型复合桁架节点：一种是节点板开孔节点，另一种是开孔板式节点。针对这两种新型节点，再加上一种常用到的焊钉式节点，进行了节点疲劳试验研究，考察不同节点的耐疲劳性能。

通过疲劳试验，得到了节点的位移-荷载曲线、加载次数位移曲线、荷载应变曲线、裂缝发展情况以及钢与混凝土相对滑移等重要数据，了解并分析了节点的疲劳性能。通过试验研究，对比分析了这三种节点的受力性能，提出了优选方案。

6. 复合桁架节点焊钉力学性能试验研究

焊钉的基本力学性能是通过推出试验获得的，目前学者的研究绝大多数都是针对单钉情况进行研究，很少有人专门针对多钉的情况做出研究。在复合桁架节点中，钢节点板上的焊钉布置较密，属于多钉剪力连接件的情况，其力学性能宜通过试验作出专门研究。

本书采用推出试验的方法，分别针对多钉与单钉不同的情况，进行对比分析研究，并对焊钉传力机理进行探讨。分析了焊钉间距对焊钉的刚度、极限剪切强度、极限滑移和破坏模式的影响。根据推出试验的结果，提出了适用于单钉和多钉的剪力连接件的荷载-滑移关系表达式，并把试验结果与现行各国规范进行了比较分析。

第2章 复合桁架混合梁结合段局部模型试验研究

2.1 概　　述

混合梁是钢梁与混凝土梁在梁体纵向通过连接件、承压板、预应力筋或锚杆等结合在一起而形成的结构。通过对钢材和混凝土两种材料的合理利用，混合梁的受力性能、跨越能力、经济性能等方面得到了很大的改善，在桥梁建设中得到了越来越多的重视[1]。混合梁自 20 世纪 70 年代在联邦德国问世后，先后受到欧洲、日本等国家的青睐，我国的混合梁建设起步较晚，但随着设计技术的进步，作为极富创新空间的一种桥梁结构型式得到了很大的发展，目前已被广泛应用于斜拉桥、连续梁桥、自锚式悬索桥等多种桥梁结构中，如鄂东长江大桥、荆岳长江大桥、重庆石板坡长江大桥、广东平胜大桥等。

混合梁钢—混凝土结合段根据是否设有钢格室，可以分为有格室与无格室两种构造型式。根据承压板的位置，有格室型式结合段可进一步细分为前承压板式、后承压板式、端承压板式和无承压板式(连接件式)；无格室型式结合段可以分为前承压板式、后承压板式和前后承压板式。混合梁结合段的分类如图 2－1 所示。

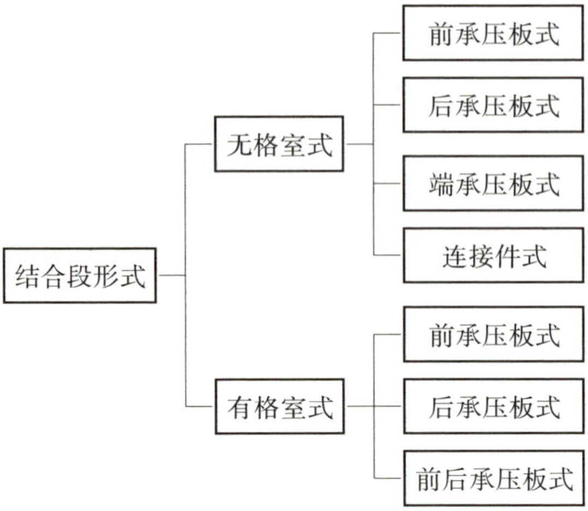

图 2-1　混合梁结合段构造型式分类

无格室结合段构造型式如图 2-2 所示。其中，前承压板式结合段，钢梁加劲过渡段端部设承压板，钢梁与混凝土梁通过承压板上的连接件结合，钢梁内部分填充混凝土。只有较早的德国 Kurt-Schümacher 桥采用了该连接构造形式。后承压板式结合段，混凝土梁伸入钢梁，至钢梁加劲过

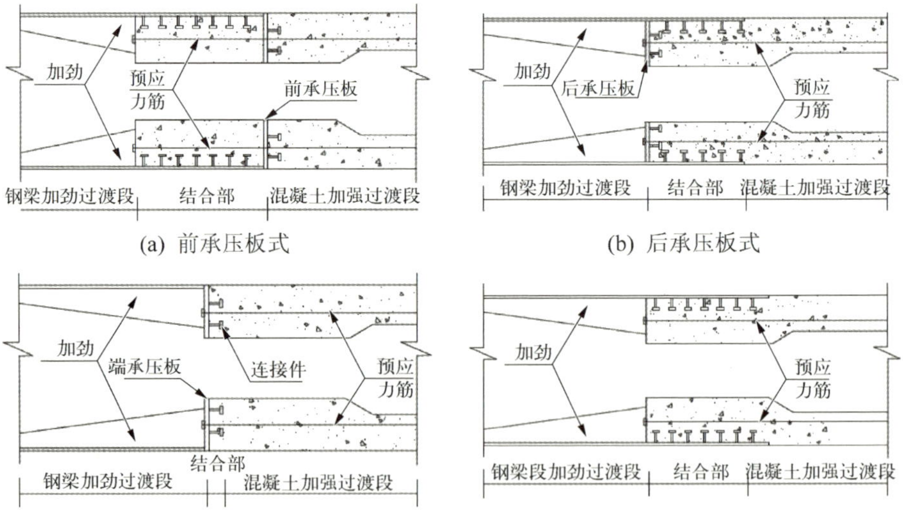

(a) 前承压板式　(b) 后承压板式

(c) 端承压板式　(d) 连接件式

图 2-2　无格室结合段构造型式

渡段端部的承压板，外包钢板及承压板上设置连接件，与混凝土结合。我国香港的汲水门桥及舟山桃夭门大桥等采用该形式。端部承压板式结合段，在钢梁加劲过渡段端部，设置较厚的承压板，并焊接连接件，与混凝土结合。法国的 Normandie 斜拉桥和香港昂船洲大桥采用该连接形式。连接件式结合段，混凝土梁伸入钢梁，外包钢梁通过连接件与填充混凝土结合，未设置承压板连接。日本大洲高架桥等采用了该连接构造形式。

有格室的构造形式如图 2－3 所示。其中，前承压板方案中，轴力及弯矩从结合段梁段的连接件和前承压板传递到钢梁上，剪力及扭矩从前承压板上的连接件传递到钢梁上。使用前承压板的桥梁有德国的 Flehe 桥。后承压板方案中，轴力及弯矩从结合段梁段的连接件和后承压板传递到钢梁上，剪力及扭矩从后承压板上的连接件传递到钢梁上。如瑞典的 Tjorn 桥、日本的生口桥以及我国的大多数斜拉桥。前后承压板方案，轴力及弯矩从结合段梁段的连接件和前后承压板传递到钢梁上，剪力及扭矩从前承压板的连接件传递到钢梁上。日本木曾川桥（Kiso River Bridge）和揖斐川桥（Ibi River Bridge）采用了此方案。

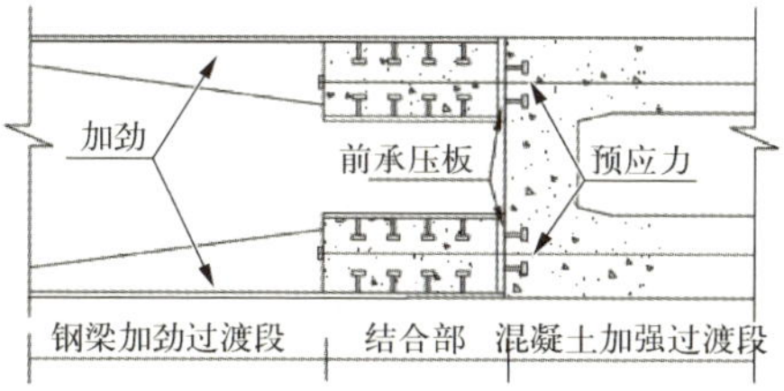

(a) 前承压板式

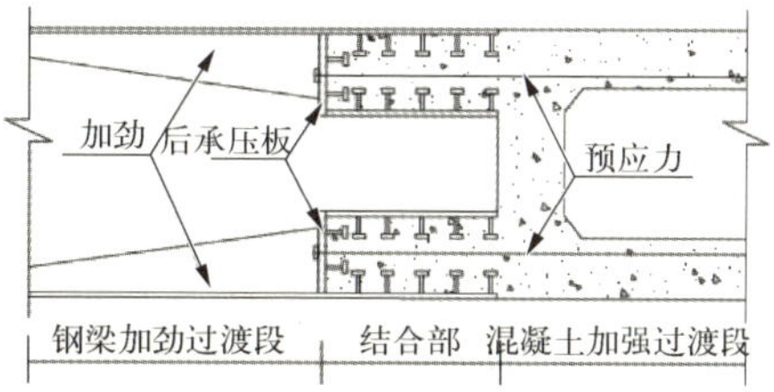

(b) 后承压板式

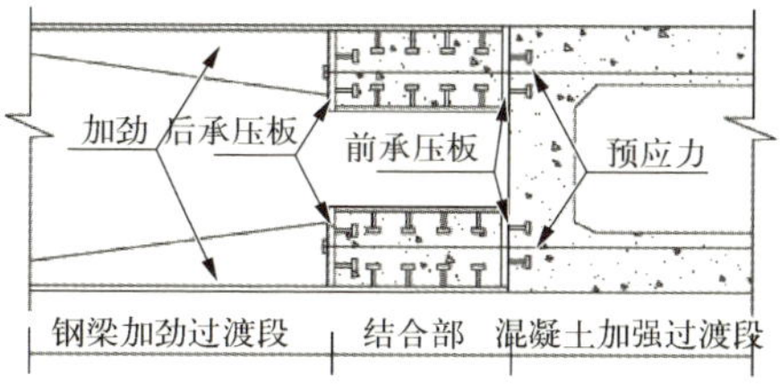

(c) 前后承压板式

图 2－3　有格室结合段构造形式

在钢—混凝土结合段的位置，混合梁的刚度发生突变，容易导致结构的应力集中，是有待深入研究的关键技术问题。采用合理的结合段构造有助于改善混合梁的受力性能，确保其安全性、可靠性和耐久性，是混合梁设计成败的关键问题之一。

2.2 上海闵浦大桥混合梁结合段构造特点

上海闵浦大桥中跨采用钢桁梁，边跨采用复合桁架梁，钢桁梁与复合桁架梁之间通过钢混结合段连接，结合段在全桥中的位置如图 2－4 所示。

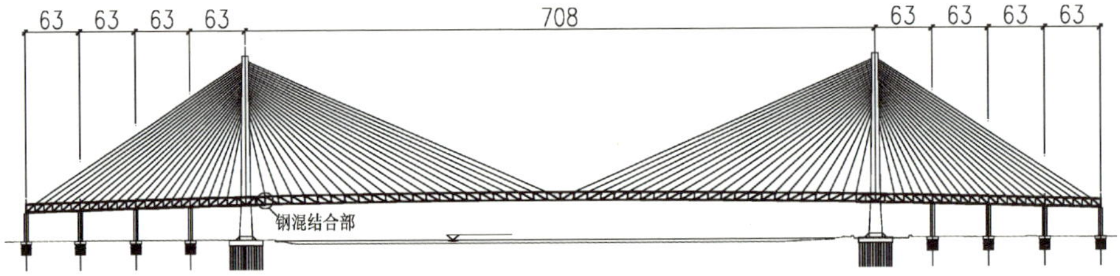

图 2－4　钢混结合段在全桥中的位置(单位：m)

与普通箱梁桥钢混结合段不同的是，闵浦大桥除了在桥面板位置存在钢桥面板与混凝土桥面板之间的连接外，还有钢弦杆与钢混组合弦杆之间的连接。闵浦大桥钢混结合段构造如图 2－5 所示。

闵浦大桥混合梁结合段采用承压型结合段构造，在桥面板处，荷载通过钢承压板、承压板上的焊钉连接件和预应力钢筋在钢梁和混凝土梁之间进行传递；在弦杆处，荷载除了通过钢承压板、承压板上的焊钉连接件、预应力钢筋在钢梁和混凝土梁之间进行传递，还通过型钢弦杆进行传递。闵浦大桥弦杆处结合段构造细部如图 2－6 所示。

本书以上海闵浦大桥混合梁结合段为研究对象，建立了结合段三

图 2－5　闵浦大桥结合段

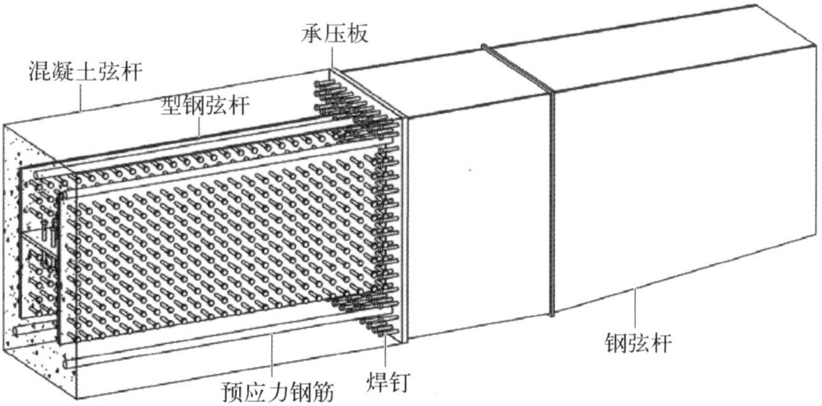

图 2－6　闵浦大桥弦杆结合段构造图

维实体—板壳有限元模型，通过有限元计算，分析了结合段的受力性能和传力规律。制作了 1∶2.5 的缩尺结合段局部模型进行试验研究，考察结合段传力性能，针对结合段试验模型进行有限元分析，把试验结果与有限元计算结果进行了对比分析。依据试验结果和计算结果，探讨了主要构件的应力分布、传力途径、弦杆承载比例和承压板焊钉受力特点等内容。

2.3　混合梁结合段有限元计算结果及分析

2.3.1　有限元模型建立

2.3.1.1　有限元子模型概述

选取中跨钢混结合段附近长 20.15 m 主梁，建立三维实体-板壳有限元模型，研究在不利荷载工况下结合段的受力特点，研究结合段的应力分布和传力机理。计算模型所选节段包括混凝土节段长 9.9 m，钢梁段长 10.25 m，如图 2-7 所示。

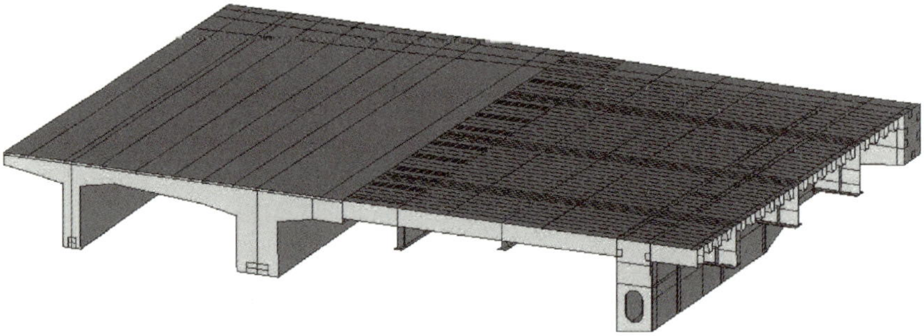

(a) 钢-混凝土结合段

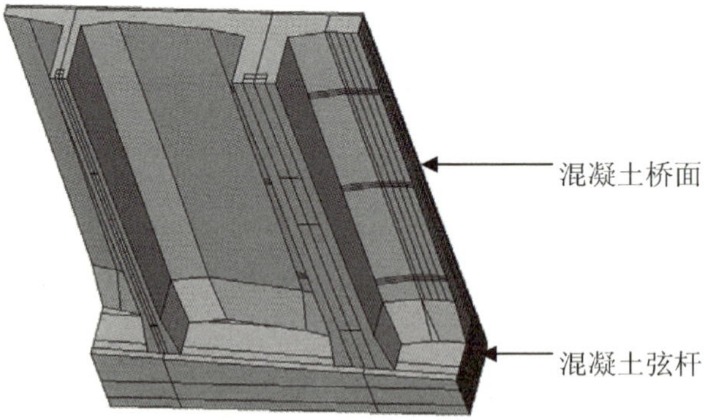

(b) 混凝土梁段

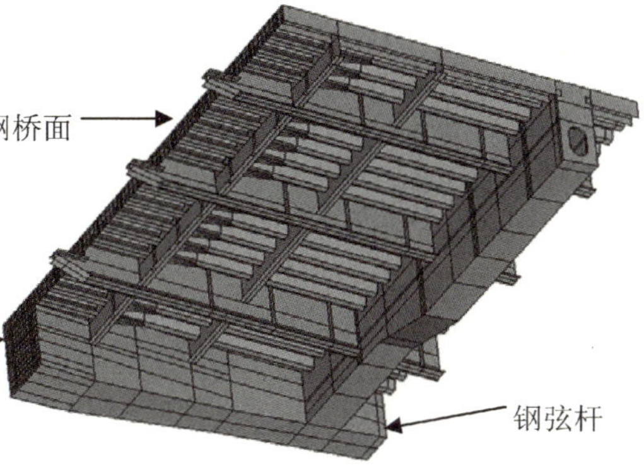

(c) 钢梁段

图 2-7　结合段有限元模型

综合考虑计算精度要求和计算规模限制，选取下层桥面板的一半结构进行计算分析。钢梁用壳单元 SHELL63 模拟，混凝土用实体单元 SOLID 45 模拟，横向预应力筋用杆单元 LINK8 模拟，纵向预应力筋等效为荷载作用。焊钉用虚拟三维弹簧单元 COMBIN14 模拟，焊钉的性能由焊钉推出试验取得。在钢与混凝土交界面处，混凝土表面用接触单元 CONTA 173 模拟，钢表面用目标单元 TARGE170 模拟，目标单元和接触单元通过一系列参数构成接触单元，接触单元只能够传递压力，不能传递拉力，并且不考虑钢与混凝土之间的摩擦传力。有限元模型共计 41 万个单元，约 14 万个节点。

2.3.1.2　材料特性

钢材采用 Q345qD 钢，弹性模量为 2.1×10^5 MPa，泊松比为 0.3。

C40 混凝土，弹性模量为 3.5×10^4 MPa，泊松比为 0.166 7。

钢绞线，弹性模量为 2.1×10^5 MPa，初始应力取为 1 860 MPa，其中张拉控制应力为 75%，另计入 25%预应力损失，计算模型中实际施加预应力为 1 860 MPa×75%×75%＝1 046.25 MPa。

采用 Φ22×200(mm×mm)的焊钉，根据以往焊钉连接件推出试验的数据，焊钉连接件剪切刚度取为 420 kN/mm。

2.3.1.3 边界条件

有限元模型采用与实际桥梁结构相同的约束方式进行计算。钢梁与混凝土梁端节点施加与整体结构计算得到位移相同的强迫位移，在半桥模型的对称边上施加对称约束，使其基本的受力状态与全桥整体模型保持一致。模型边界约束如图 2-8 所示。

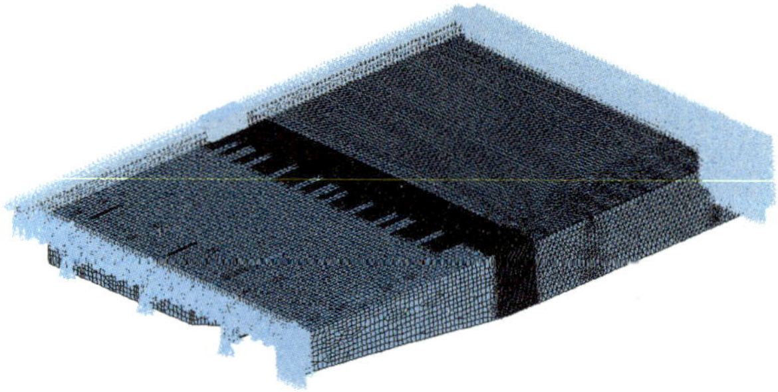

图 2-8　结合段有限元约束条件

2.3.1.4 荷载工况

恒载：一期恒载：混凝土容重取为 26 kN/m^3，钢材容重取为 78.5 kN/m^3。二期恒载：栏杆＋铺装＋附属结构＝48.2 kN/m。

活载：汽车荷载等级为公路-Ⅰ级，考虑按 6 车道加载。纵向折减系数为 0.95，横向折减系数为 0.55。

结合段有限元计算分析主要考虑恒载和活载共同作用的工况。

2.3.2 钢梁段计算结果分析

钢梁段应力分布如图 2-9 所示。从图 2-9(a)中可以看出，钢桥面板整体应力低于 90 MPa，处于较低的应力水平。顶板应力在承压板附近变化较快，远离承压板处，应力分布较为均匀。当距承压板距离从 3 m 到

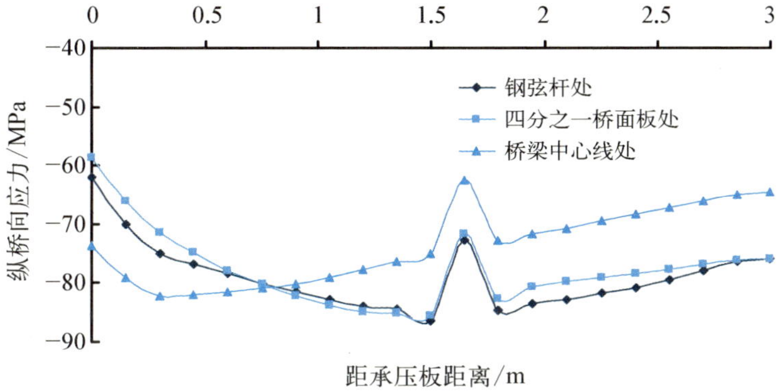

(a) 钢桥面板

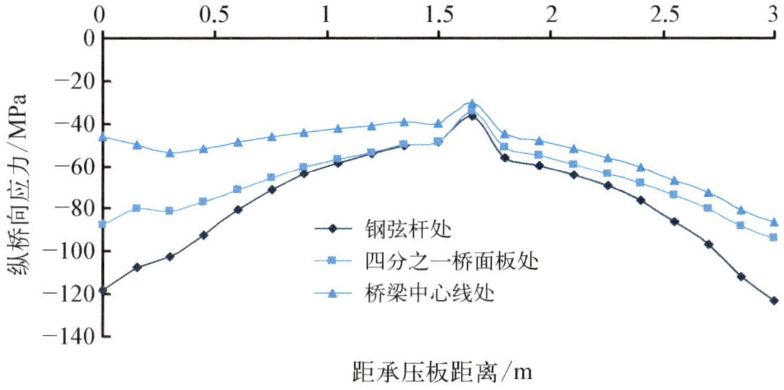

(b) U肋

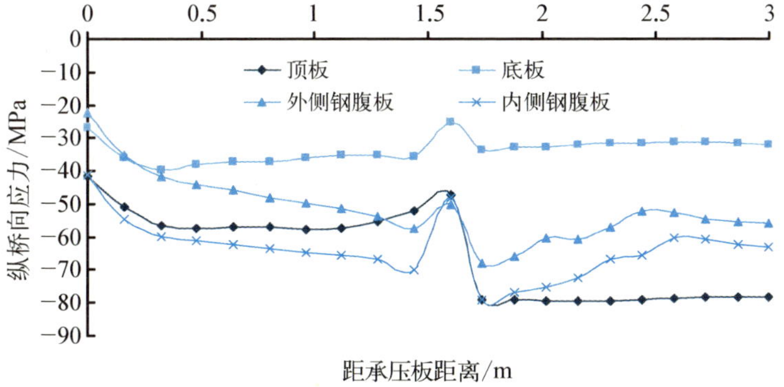

(c) 钢弦杆

图 2-9　钢梁段应力分布

1.5 m时，钢桥面板纵桥向应力逐渐增大。在距承压板 1.5 m 处，由于钢梁段横隔板的作用，使钢结构应力出现波动性减小。随后，当距承压板距离从 1.5 m 到承压板时，由于钢弦杆加劲板件增多，弦杆附近钢桥面板应力开始减小，由于 U 肋承担大部分荷载，1/4 桥宽处钢桥面板应力逐渐减小，而桥中线处钢桥面板应力则在距离承压板 0.4 m 处才逐渐降低。

从图 2-9(b)中可以看出，在承压板附近，U 肋的纵桥向应力较大，最大应力为 118 MPa。当距承压板距离从 3 m 到 1.5 m 时，U 形加劲肋与 T 形加劲肋共同作用，U 肋应力逐渐减小，在横隔板处应力达到最小。随后，当距承压板距离从 1.5 m 到承压板时，U 肋的应力逐渐变大，说明 U 肋承担了较多的纵向荷载。

从图 2-9(c)中可以看出，钢弦杆最大应力为 80 MPa。钢弦杆底板应力与其他板件相比应力小。钢弦杆应力总体变化较为平缓，与钢桥面板应力变化规律相似。

从整体上来说，钢梁段应力过渡较为均匀。在承压板附近，U 肋的应力要大于桥面板和钢弦杆的应力，钢梁中的纵向应力主要通过 U 肋来传递到混凝土梁中。

2.3.3 混凝土梁段计算结果分析

混凝土梁段应力分布如图 2-10 所示。从图 2-10(a)中可以看出，在承压板处，混凝土梁直接受到从钢梁传递过来的轴向力的作用，在混凝土桥面板处的压应力最大，最大应力为 14 MPa。随着到承压板距离的增加，混凝土应力迅速减小，并在距承压板 2 m 处逐渐趋于均匀。混凝土桥面板纵桥向应力水平较低，在各位置变化趋势较为相近。

从图 2-10(b)中可以看出，混凝土弦杆部分由于预应力作用，在承压板处应力最大达到 22 MPa，弦杆断面各部分应力变化趋势基本相同，应力均匀过渡。弦杆顶板处由于预应力钢筋位置靠近上顶板，应力水平较其他

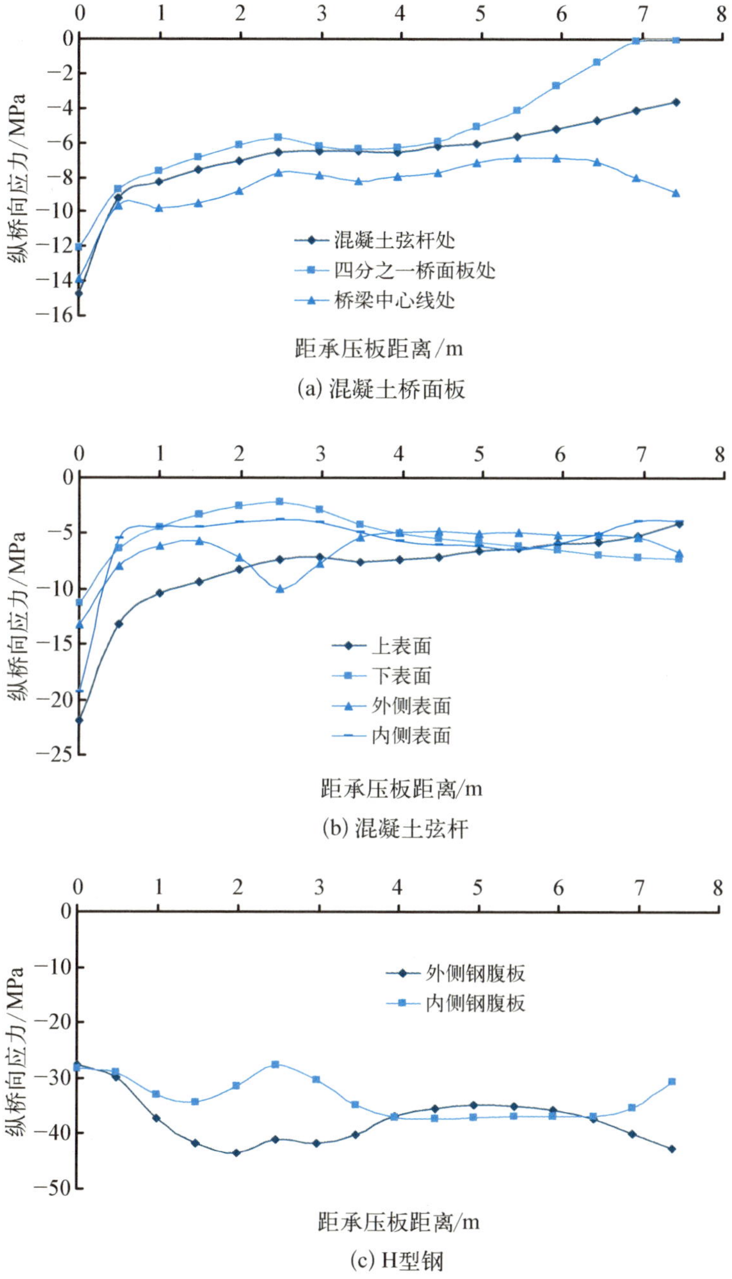

图 2－10　混凝土梁段应力分布

部分高。随着到承压板距离的增加，由于应力的扩散，混凝土应力迅速减小。混凝土梁段的应力分布较为均匀，混凝土弦杆部分由于截面面积大，所以比混凝土桥面板处的应力略低。

H 型钢紧连钢弦杆，与钢承压板焊接在一起。从图 2-10(c)中可以看出，在承压板处 H 型钢应力相对较小，随着距承压板距离增大，H 型钢应力开始增大，表明由其承担的轴向荷载也逐渐增加。在距承压板 2 m 处，混凝土横梁与弦杆相交，H 型钢的应力也有所减小。其后，H 型钢应力较为均匀。

2.3.4 焊钉计算结果分析

结合段焊钉剪力分布如图 2-11 所示。从图 2-11(a)和(b)中可以看出，弦杆焊钉的横桥向剪力，上排焊钉受力方向相同，最大剪力为 31 kN。下排焊钉横向剪力最大为 30 kN，焊钉剪力在内、外腹板侧方向相反，且剪力值向中间减小。弦杆焊钉的竖向剪力，各排焊钉变化趋势基本相同，弦杆上、下两侧剪力方向相反，同样在中间较小。这表明弦杆边缘焊钉承受较大的剪力，约束了混凝土梁段弦杆由于受压产生的垂直于受力方向的泊松变形，从而使结合段传力更加均匀，焊钉的横向布置，又可以减小钢梁段与混凝土梁段之间的横向相对滑移。

从图 2-11(c)中可以看出，承压板最上面一排焊钉剪力最大，最大为

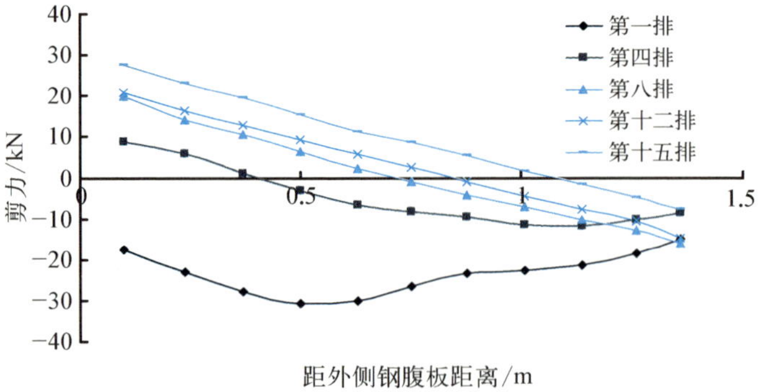

(a) 弦杆焊钉横向剪力

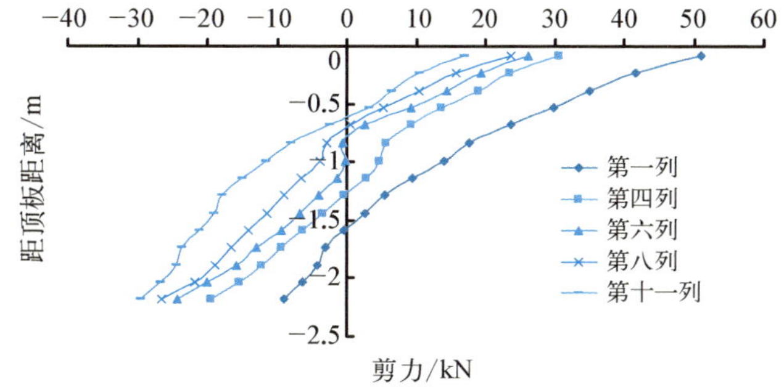

(b) 弦杆焊钉竖向剪力

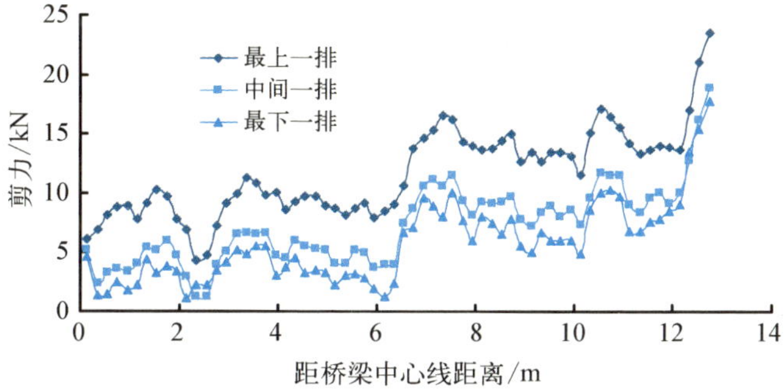

(c) 承压板上焊钉剪力

图 2 - 11　焊钉剪力分布

24 kN,从上排到下排,焊钉剪力逐排减小,下排焊钉受力略小,剪力最大为 18 kN。焊钉剪力沿横向波动变化,在钢梁纵向加劲伸支所在处,加劲板件对混凝土梁段有支撑力,焊钉剪力下降较多。随着距桥梁中心线距离逐渐增大,焊钉剪力也逐渐增大。

2.4　结合段模型试验及结果分析

2.4.1　模型试验方案

2.4.1.1　模型试验目的

闵浦大桥钢桁与复合桁架结合段局部模型试验目的主要是：测试结合

段局部模型应力变化规律及应力集中情况，考察结合段的荷载传递性能；测试混凝土弦杆内部及表面的应力分布，考察混凝土的抗裂性能；在 1.7 倍设计荷载下结合段局部模型的受力行为。

2.4.1.2 模型试件设计与制作

试验选取结合段的局部构造进行重点考察研究，选取的部位为复合桁架与钢桁架在弦杆处的连接构造。在该处，钢弦杆与复合桁架弦杆通过承压板和预应力钢筋连接，结合段是否能够保证荷载的顺利传递是设计和研究的关键。

结合段局部模型试验采用缩尺模型，模型设计的原则为相似理论，要求模型与实际结构几何相似，对应截面刚度相似，对应钢-混凝土结合面受力相似以及边界条件相似。模型长度的选取考虑圣维南原理。模型混凝土的配筋率、钢结构等构造细节完全按实际结构尺寸模拟，如果各钢板厚度按几何缩尺模拟的尺寸实际无法实现时，在保证模型截面面积、惯性矩满足相似关系前提下，对尺寸微调。钢-混凝土结合面上焊钉连接件按总体抗剪刚度相似设计。

本试验采用缩尺比例为 1∶2.5 的模型进行试验，即模型与原型的几何相似常数 $C_L = 1/2.5$；模型采用与原型相同的材料，即物理相似常数 $C_E = C_\mu = C_y = 1.0$。试验要求模型的应力（应变）与原型的应力（应变）相等，即 $C_\sigma = 1.0$，根据边界相似关系荷载相似比 $C_F = C_\sigma = C_L^2$，模型上各点荷载与原型荷载的相似常数为 1/6.25。模型与原型相似比关系见表 2-1。

表 2-1　模型与原型的相似比

参　数	几何尺寸	板　厚	弹性模量	荷　载	应　力	应　变
相似比	1∶2.5	1∶2.5	1∶1	1∶6.25	1∶1	1∶1

试验模型的选材与原型保持一致，采用 Q345qD 钢材，使用 C50 混凝土。钢材、混凝土和焊钉材料属性见表 2-2～表 2-4。

表 2-2　钢板材料属性

编号	板厚/mm	屈服强度 f_y/MPa	极限强度 f_u/MPa	伸长率/%	f_y/f_u
1	8	400	535	26.0	0.75
2	12	415	550	29.5	0.75
3	14	425	550	26.0	0.77
4	16	405	540	24.5	0.75
5	24	395	530	32.5	0.75
6	30	360	525	28.5	0.69

表 2-3　混凝土材料属性

名义强度/MPa	抗压强度/MPa	抗拉强度/MPa	弹性模量/GPa
50	50.6	3.19	34.5

表 2-4　焊钉材料属性

规格/mm×mm	屈服强度 f_y/MPa	极限强度 f_u/MPa	伸长率/%
13×80	385	490	18.0

试验模型的细部尺寸如图 2-12 所示。

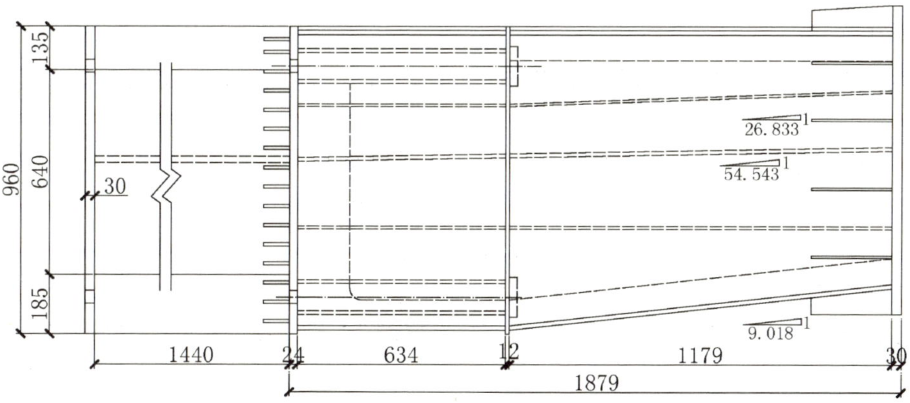

(a) 模型钢结构

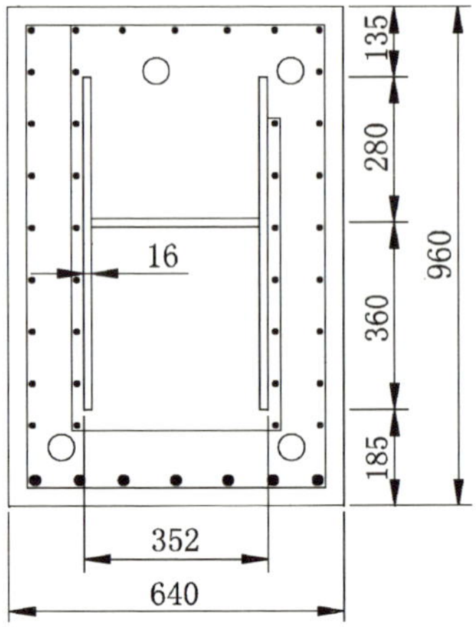

(b) 弦杆断面尺寸

图 2-12　试验模型构造图(单位：mm)

2.4.1.3　试验加载及测试

试验加载装置如图 2-13 和图 2-14 所示。反力架 A 和反力架 B 通过 16 根精轧螺纹钢筋连接在一起，构成自平衡反力架体系。在模型试件左侧用 2 个 400 t 千斤顶对试件施加压力，在千斤顶和试验模型之间，以及试验模型和反力架 B 之间，分别设置钢垫块，以保证荷载能够均匀顺利地施加到试验模型上。

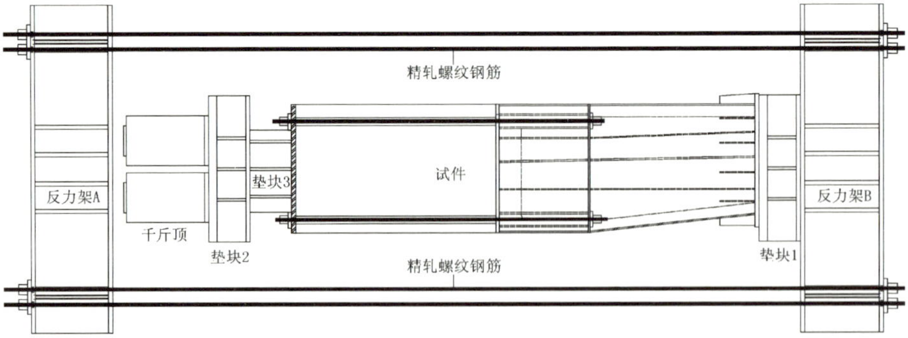

图 2-13　试验加载示意图

图 2-14　试验加载图

试验加载采取分级加载的方式。每一级增加的荷载值为设计荷载的 10%，每级持荷 5 min 后再读数。最大荷载加载到设计荷载的 170%，一共分 17 个加载级。结合段所加荷载的最大值如表 2-5 所示。

表 2-5　荷载等级

加载等级	混凝土弦杆/kN	钢弦杆/kN	预应力/kN
1.7 倍设计荷载	−9 300	−5 910	3 390

在正式加载前，对试验试件进行预加载。预加载同样采取分级的加载方法，最大加载到设计荷载的 30%。通过预加载，一方面用来测试各种仪器的使用状态是否良好，能否正常工作，保证测量数据的可靠性；另一方面可以消除试验体系中各个装置之间的空隙，消除因装置之间的空隙而产生的对试验加载的不利影响，使试验装置能够紧密配合，确保正式加载的顺利进行。

在钢结构表面、混凝土表面和混凝土内部钢筋表面上分别贴有应变片，通过测试应变片在试验过程中应变的变化情况，来分析结构所受应力的大小，以及荷载传递的规律。在试验中，钢结构、混凝土和钢筋上的应变片分别用 S、C、R 来表示。应变片布置如图 2-15 所示。

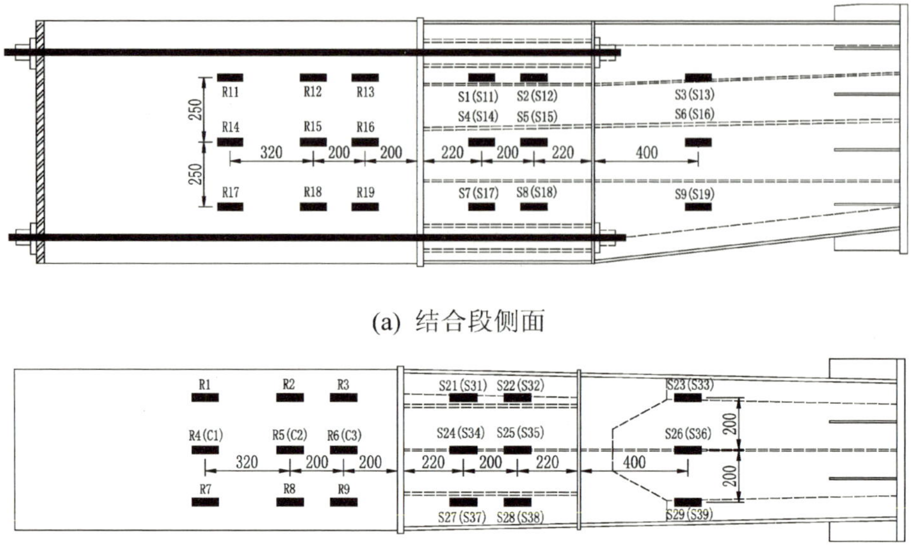

(a) 结合段侧面

(b) 结合段顶面

图 2-15　应变片布置图(单位：mm)

2.4.2　试验模型有限元计算

结合段局部模型试件建立三维实体-板壳-弹簧元有限元模型，并用三维虚拟弹簧元考虑焊钉连接件作用，分析计算在试验设计荷载作用下结合段的受力特点。通过试验测试数据验证模型计算的正确性，并通过有限元计算研究钢混结合段的受力。有限元模型包括混凝土节段 1.44 m，钢梁段 1.825 m。有限元模型如图 2-16 所示。

混凝土结构采用 SOLID45 单元模拟，钢结构采用 SHELL63 模拟，焊钉连接件采用弹簧单元 COMBIN14 模拟。根据以往焊钉连接件推出试验的数据，焊钉连接件剪切刚度取为 420 kN/mm。

钢板弹性模量 2.1×10^5 MPa、泊松比 0.3；C50 混凝土桥面板弹性模量 3.45×10^4 MPa、泊松比 0.166 7；ϕ32 精轧螺纹钢筋弹性模量 2.0×10^5 MPa、泊松比 0.3。

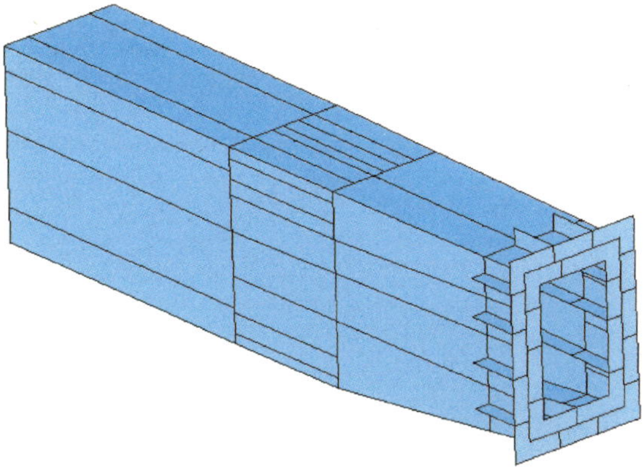

图 2-16　有限元模型

把混凝土实体单元的端部节点固结，钢构件部分端部施加竖向约束。在钢构件预应力锚固端加劲板节点上施加水平力模拟预应力效应，在钢构件千斤顶加劲部分节点上施加水平节点力，节点力是根据空间杆系整体模型及弦杆部分实体模型计算得到经缩尺比例后的作用力，在试验模型中通过张拉预应力和千斤顶进行施加。有限元模型边界条件的模拟如图 2-17 所示。

图 2-17　有限元模型边界条件

2.4.3　试验结果与有限元计算分析

2.4.3.1　荷载-应变关系曲线

在 1.7 倍设计荷载作用下，结构上各测点的荷载-应变关系曲线如图 2-18

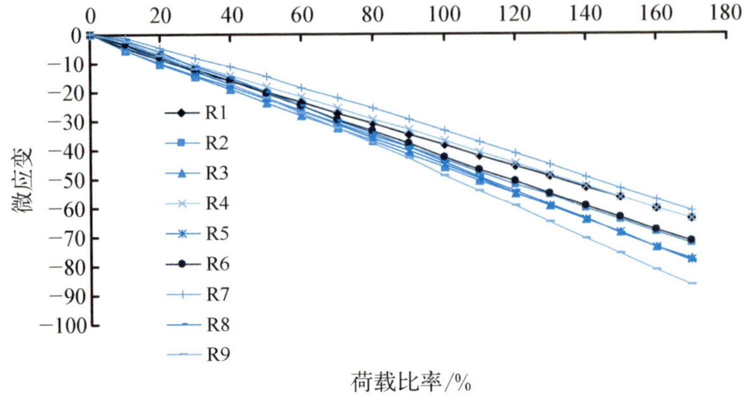

(a) 钢筋

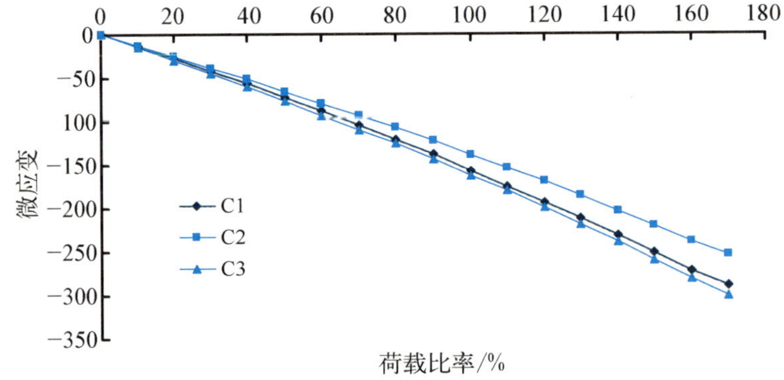

(b) 混凝土

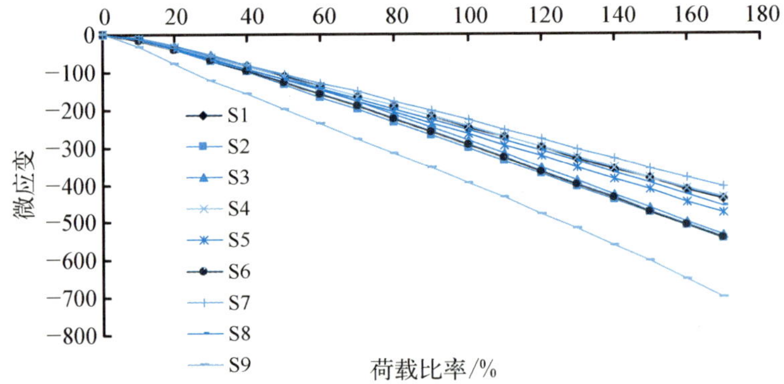

(c) 钢结构

图 2－18　荷载-应变关系曲线

所示。从图中可以看出，钢结构、钢筋和混凝土上测点的荷载-应变关系基本呈线性分布，说明在施加荷载的过程中，节点始终保持弹性状态，结构尚未进入塑性变形阶段。在本书荷载幅度下，可以用相关的线弹性理论来分析结构的受力。试验结果表明，在 1.7 倍设计荷载作用下，结构仍处于弹性状态，表明结构具有较高的安全储备。

2.4.3.2　试验结果与有限元结果对比分析

有限元计算结果与试验结果对比如图 2 - 19 所示，从图中可以看出，钢结构和混凝土结构的有限元计算结果与试验实测结果吻合得较好，有限元

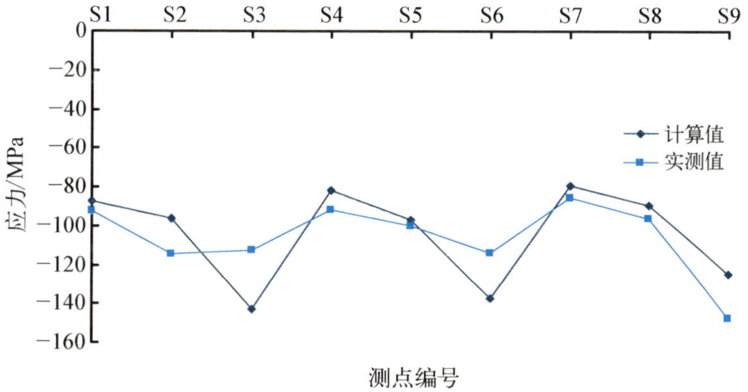

(a) 钢结构内腹板应力

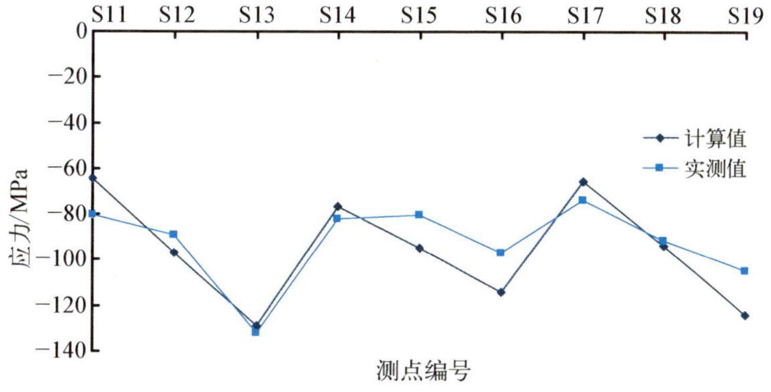

(b) 钢结构外腹板应力

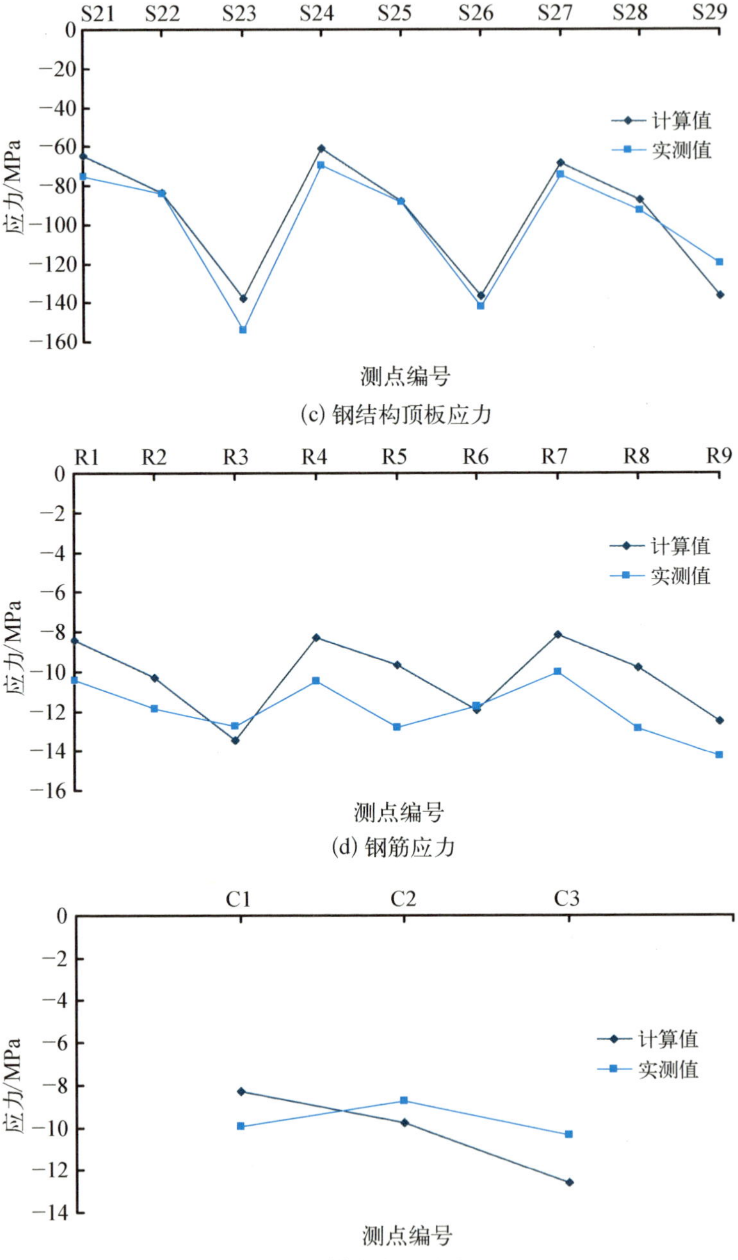

(c) 钢结构顶板应力

(d) 钢筋应力

(e) 混凝土应力

图 2-19　模型试验结果与计算结果比较

分析方法可以较为准确地计算结构的受力情况，具有较高的可信性。由于有限元模拟具有快速、简便、经济的优点，故而可以用来对此种结构进行研究和数值分析。

2.4.3.3　承压板焊钉传力规律分析

为了研究承压板上焊钉受力的分布特点，把承压板上的焊钉按照从外向内的顺序分成 5 圈，分别研究各圈焊钉所受剪力的大小。承压板上焊钉布置如图 2－20 所示。

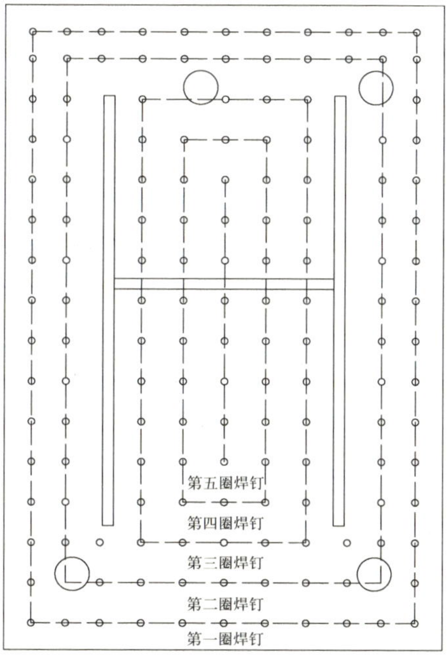

图 2－20　承压板焊钉布置图

承压板上各圈焊钉所受剪力的平均值见表 2－6。从表中可以看出，最外一圈焊钉所受剪力值最大，从外圈到内圈，焊钉剪力值逐渐减小。

表 2-6 焊钉剪力计算值

焊钉圈数编号	第1圈	第2圈	第3圈	第4圈	第5圈
焊钉剪力平均值/kN	24.4	18.8	12.4	7.8	4.5

2.4.3.4 荷载承担比例及传力机理分析

为了研究结合段各部分承担荷载的比例，并分析结合段传力的机理，选取1—1、2—2和3—3三个断面进行对比分析，断面位置如图2-21所示。

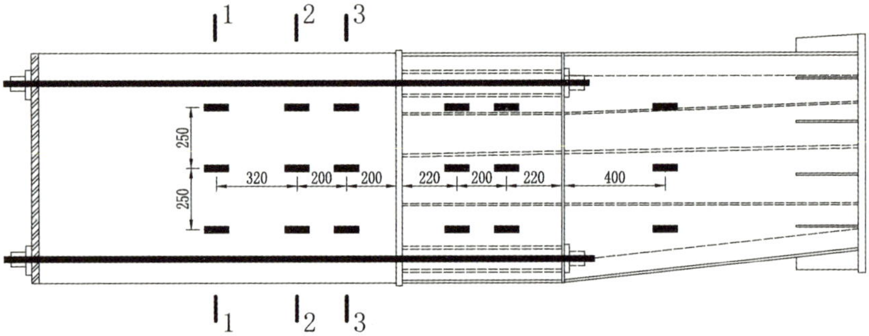

图 2-21 测试断面位置示意图(单位：mm)

各断面钢与混凝土弦杆承担的荷载比例见表2-7。从表中可以看出，在复合桁架弦杆中，钢弦杆承担约20%的荷载，混凝土弦杆承担约80%的荷载。这说明弦杆的荷载主要是由混凝土来承担的，混凝土在承担荷载中起主要作用，钢结构起次要作用。并且，从3—3断面到2—2断面，再到1—1断面，混凝土弦杆承担的荷载逐渐减小，说明荷载在通过承压板传递到混凝土中，并逐渐向外扩展出去。

表 2-7 荷载承担比例

断面编号	钢结构承担的荷载 N_1/kN	混凝土承担的荷载 N_2/kN	$N_1/(N_1+N_2)$
1—1	1 339	4 571	22.7%
2—2	1 238	4 672	20.9%
3—3	1 106	4 804	18.7%

2.5 本章小结

本章简要概述了目前现有混合梁的构造型式，详细介绍了闵浦大桥结合段的构造特点。对闵浦大桥结合段进行了有限元分析，得到了结合段受力的基本特点和性能，并选取结合段局部进行了试验研究。通过有限元分析和试验研究，得到以下主要结论：

(1) 通过有限元分析，从整体上来说，钢梁段应力过渡较为均匀。在承压板附近，U 肋的应力要大于桥面板和钢弦杆的应力，钢梁中的纵向应力主要通过 U 肋来传递到混凝土梁中。

(2) 混凝土梁段在承压板处直接受到从钢梁传递过来的轴向力的作用，所受压应力最大，随着距承压板距离的增加，混凝土应力迅速减小，并在距承压板 2 m 处逐渐趋于均匀。从整体上来说，混凝土梁段纵桥向应力水平较低，在不同位置变化趋势较为相近。

(3) 弦杆焊钉的横桥向剪力，在内、外腹板侧方向相反，且剪力值向中间减小。弦杆焊钉的竖向剪力，各排焊钉变化趋势基本相同，弦杆上、下两侧剪力方向相反，同样在中间较小。这表明弦杆边缘焊钉承受较大的剪力，约束了混凝土梁段弦杆由于受压产生的垂直于受力方向的泊松变形，从而使结合段传力更加均匀，焊钉的横向布置，又可以减小钢梁段与混凝土梁段之间的横向相对滑移。

承压板最上面一排焊钉剪力最大，从上排到下排，焊钉剪力逐排减小，下排焊钉受力略小。焊钉剪力沿横向波动变化，在钢梁纵向加劲伸支所在处，加劲板件对混凝土梁段有支撑力，焊钉剪力下降较多。随着距桥梁中心线距离逐渐增大，焊钉剪力也逐渐增大。

(4) 承压板上的焊钉，由外至内，剪力逐渐减小。焊钉所受剪力最大值出现在边角位置。

(5) 在复合桁架弦杆中,钢弦杆承担约 20%的荷载,混凝土弦杆承担约 80%的荷载。说明弦杆的荷载主要是由混凝土来承担的,混凝土在承担荷载中起主要作用,钢结构起次要作用。

第3章 复合桁架节点静力性能模型试验研究

3.1 概　　述

复合桁架节点，是指在桁架结构中，钢腹杆与混凝土弦杆通过构造措施连接在一起共同受力的节点型式。在复合桁架桥梁中，复合桁架节点是整个复合桁架桥梁的关键部位，他承担着在各个杆件之间、不同材料之间相互传力的作用，是确保整个桥梁结构受力合理、安全可靠的重要保证。

本书介绍了闵浦大桥边跨复合桁架节点的构造特点，建立了全桥整体模型、节段梁模型和节点模型三个层次的有限元模型，运用有限元子模型的方法，从全桥整体模型、节段梁模型到节点模型，逐层细化分析。总结了节点的受力特点和规律，对节点受力性能的影响因素进行了研究。制作了1∶2.5的节点缩尺模型进行试验研究，考察节点传力效果，针对节点试验模型进行有限元分析，把试验结果与有限元计算结果进行了对比分析。依据试验结果和计算结果，探讨了主要构件的应力分布、传力途径、承载比例、钢与混凝土相对滑移和节点板焊钉受力特点。

3.2 闵浦大桥复合桁架节点构造特点

闵浦大桥复合桁架节点的详细构造如图 3－1 和图 3－2 所示。其节

(a) 节点钢结构

(b) 节点外形

图 3－1　复合桁架节点

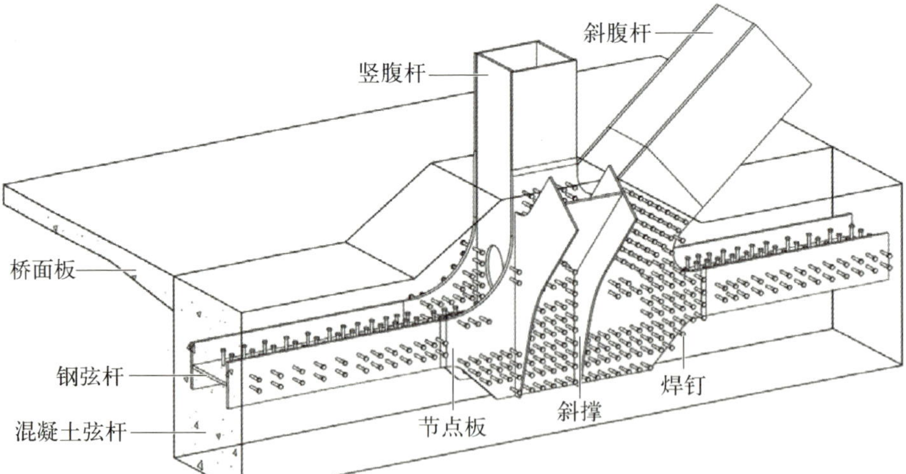

图 3－2　下弦节点构造示意

点型式为在混凝土弦杆中设置有型钢弦杆、钢腹杆和钢弦杆通过钢节点板连接在一起，节点板上设置焊钉连接件以保证与混凝土的连接，共同受力。

其节点特点在于，边跨断面为倒梯形，节点钢杆件不仅有竖腹杆、斜腹杆和钢弦杆，而且还有面外斜撑，共同连接在钢节点板上，之间的荷载通过节点板传递。在节点的外面包裹有混凝土，形成新型的复合桁架节点。

闵浦大桥节点处，多种杆件汇集，纵向和横向预应力钢筋穿过节点，钢与混凝土通过焊钉连接，各杆件之间、不同材料之间相互传力，节点受力十分复杂。

关于这种复合桁架节点力学性能的相关研究较少，节点的受力特性和承载能力尚不明确，传力机理还不是十分清晰，其安全性、可靠性还存在很多问题亟待解决，需要做出专门的研究。本章将从这方面入手，通过有限元分析和试验研究，来了解这种节点的基本力学性能，以便于指导设计和施工。

3.3　复合桁架节点有限元计算结果及分析

3.3.1　有限元模型建立

3.3.1.1　有限元子模型方法的应用

子模型方法是在有限元分析中，使模型局部区域得到更加精确解的一种技术方法。具体地说，子模型方法就是将结构从整体到局部，再到细部，逐层细化分析的方法。在局部区域，边界通过位移协调方法与整体模型完成位移与内力的协调。

本书有限元分析采用了子模型方法，建立了三个层次的有限元模型：

第一层次模型为整体空间模型，如图 3－3 所示。在整体模型中，桥面板用板壳单元模拟，横梁和纵梁用梁单元模拟，从而形成板梁混合单元。运用混合有限元分析方法，既便于进一步进行局部精细化分析，又不至于让模型规模过于庞大。

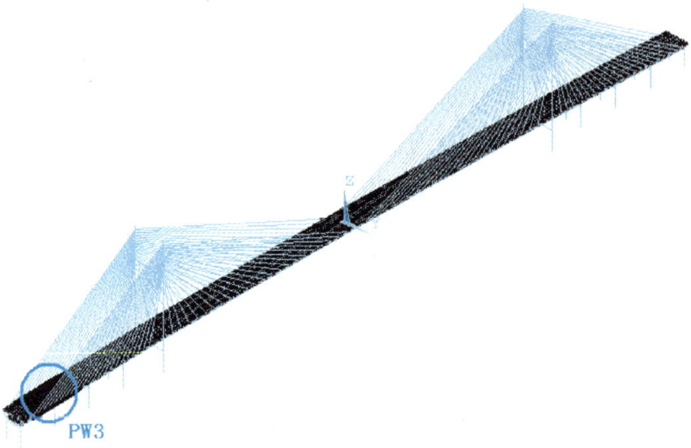

图 3－3　全桥整体有限元模型

第二层次模型为节段梁局部模型，如图 3－4 所示。在空间整体模型的基础上嵌入一段更为精细地模拟实际构造的模型，该嵌入段混凝土桥面板及混凝土横梁均用实体单元模拟，钢腹杆采用空间板壳模拟，以期获得更精确的局部计算结果。

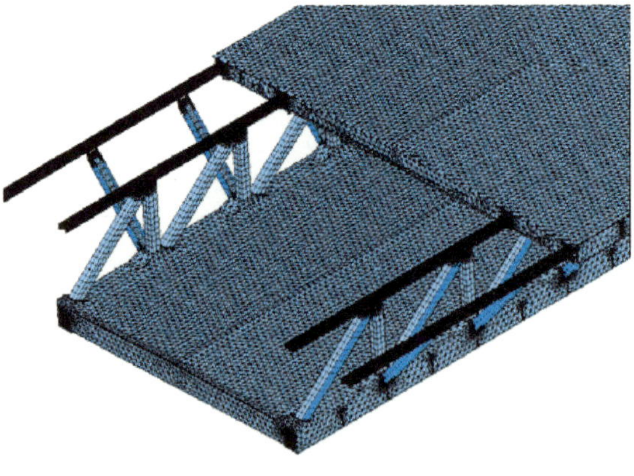

图 3－4　节段梁有限元模型

第三层次模型为节点模型，如图 3－5 所示。节点模型充分考虑了节点的细部构造，如节点板尺寸、焊钉布置，考虑了钢与混凝土不同材料之间的接触作用等，以便针对节点进行精细化分析。

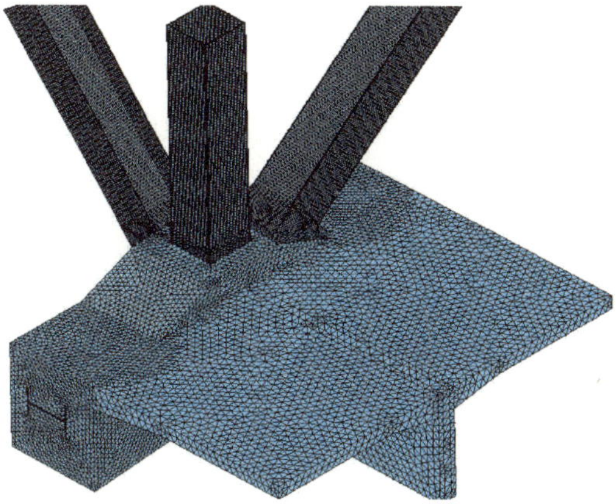

(a) 下弦节点

(b) 上中弦节点

(c) 上边弦节点

图 3－5　节点有限元模型

通过建立三个层次的模型，实现了节点基本力学性能的数值分析。

3.3.1.2　材料特性

钢板：弹性模量 2.1×10^{5} MPa，泊松比 0.3。

C50 混凝土桥面板：弹性模量 3.45×10^{4} MPa，泊松比 0.166 7。

ϕ^s15.24 低松弛预应力钢绞线：弹性模量 1.95×10^5 MPa，泊松比 0.3。

ϕ32 精轧螺纹钢筋：弹性模量 2.0×10^5 MPa，泊松比 0.3。

节点板外侧采用 $\Phi22\times200$（mm×mm）的焊钉，焊钉连接件剪切刚度取为 420 kN/mm。节点板内侧采用 $\Phi19\times150$（mm×mm）的焊钉，焊钉连接件剪切刚度取为 320 kN/mm。

3.3.1.3 节点有限元模型单元的选用

复合桁架节点有限元模型中，钢结构和混凝土均采用 SOLID45 实体单元模拟，焊钉采用三维弹簧元 COMBIN14 单元模拟，焊钉的性能由焊钉推出试验取得。在钢与混凝土交界面处，混凝土表面用接触单元 CONTA173 代表，钢表面用目标单元 TARGE170 代表，目标单元和接触单元通过一系列参数构成接触，接触单元只能够传递压力，不能传递拉力。

3.3.1.4 荷载与约束条件

桥梁整体有限元计算中，恒载包括结构自重、二期铺装、栏杆及管线重量。结构自重根据单元体积及材料容重由程序自动计入，钢材容重取 78.5 kN/m^3，钢筋混凝土容重取 26 kN/m^3；二期铺装根据设计院所提供数据计算：中跨上层二期恒载总重 6.64 t/m，下层为 4.82 t/m；边跨上层二期恒载总重为 10.22 t/m，下层为 7.38 t/m。预应力以杆单元初始应变的方式施加。

考虑到墩顶节点受力较大，构造最为复杂，因此选取墩顶 E6 节点作为研究对象，考察节点受力性能特点，并对影响节点受力性能的因素做有针对性的分析研究。E6 节点在全桥中的位置如图 3-6 所示。

E6 节点有限元模型如图 3-7 所示。节点有限元模型的约束与边界条

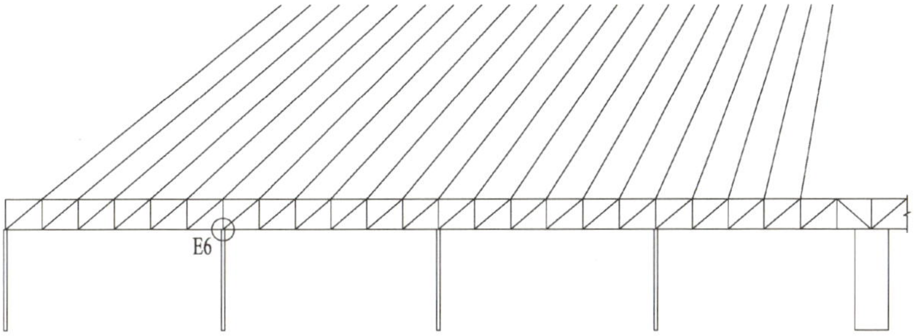

图 3－6　E6 节点位置示意图

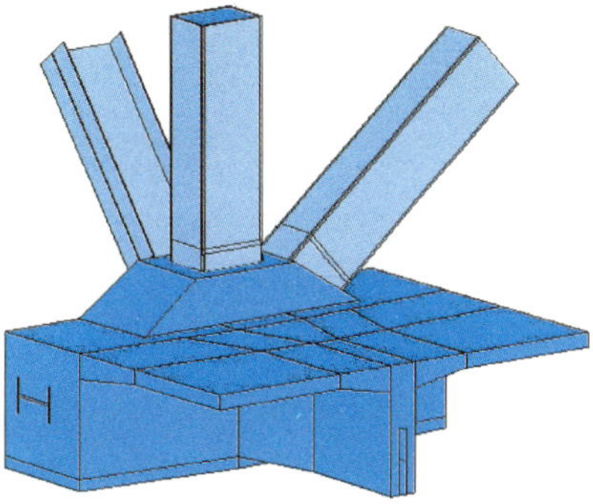

(a) 节点整体模型

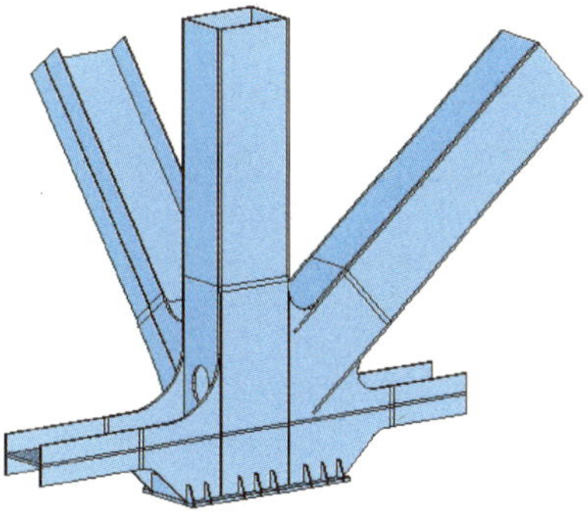

(b) 节点钢结构模型

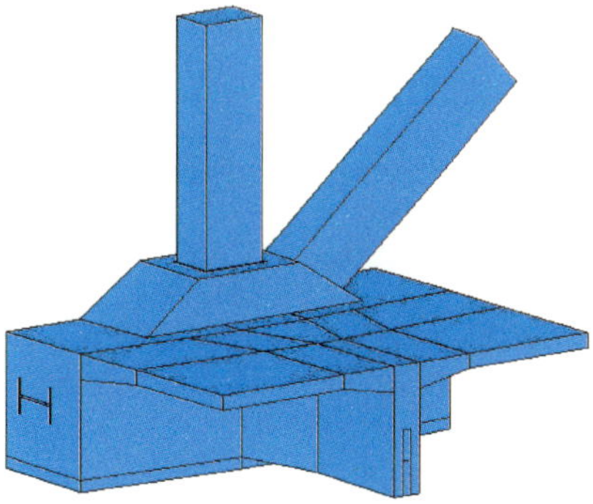

(c) 节点混凝土模型

图 3－7　E6 节点有限元模型

件，是从桥梁整体模型和节段梁模型中取得的，通过位移协调方法与整体模型完成位移与内力的协调，如图 3－8 所示。

图 3-8　节点有限元模型约束条件

3.3.2　节点力学性能计算分析

3.3.2.1　钢结构应力分析

节点板钢结构 Mises 应力分布如图 3-9 所示。从图中可以看出，钢结构大部分应力在 0～70 MPa，最大应力为 160 MPa，出现在竖腹杆与斜腹杆倒角处。在节点板处各种杆件交汇，导致节点板受力十分复杂，应力分布不均匀，节点板中心部分应力水平较低，各杆件交接处应力较大。同时，受到节点板上焊钉受到的剪力的影响，节点板焊钉处有局部应力增高的现象。

3.3.2.2　混凝土应力分析

节点混凝土主拉应力分布如图 3-10 所示。从图中可看出，混凝土主拉应力主要分布在 0.5～2 MPa 之间，在混凝土各个角点以及横梁预应力锚固处，混凝土主拉应力局部增大。

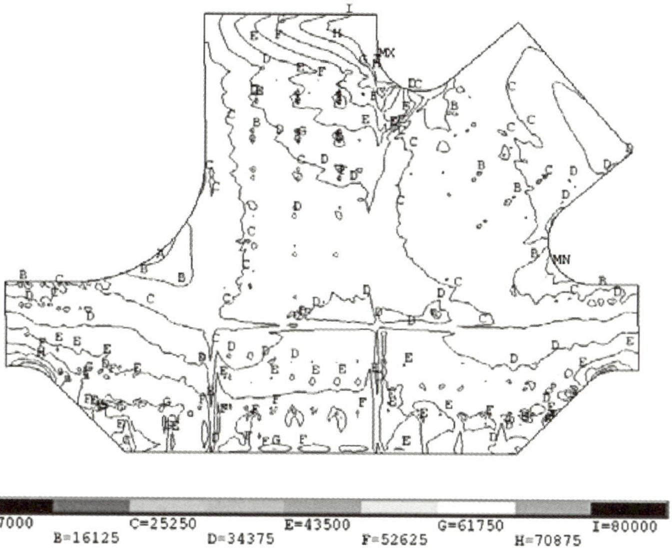

图 3-9　节点板钢结构应力图(单位：kPa)

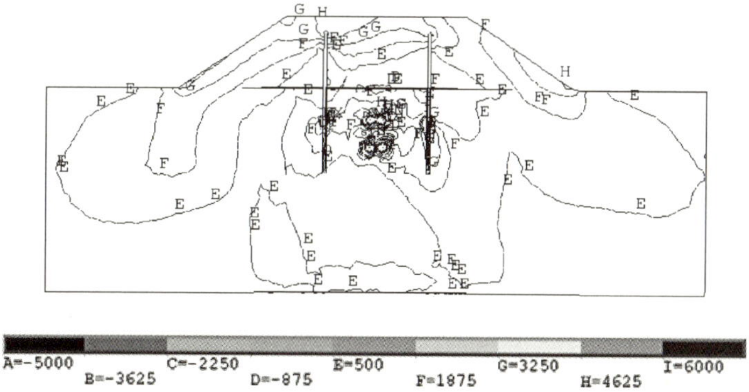

图 3-10　节点混凝土主拉应力图(单位：kPa)

3.3.2.3　焊钉受力分析

节点焊钉布置如图 3-11 所示，焊钉剪力计算结果如图 3-12 所示。从图中可以看出，在节点板上，无论竖腹杆还是斜腹杆的方向上，前排焊钉受力要大于后排焊钉，前三排焊钉传递大部分剪力。从前排到后排，焊钉所受剪力逐渐减小，斜腹杆第二排焊钉平均剪力比第一排减小9.6 kN，竖腹杆第二排焊钉平均剪力比第一排减小 5.8 kN，并且这种减小的趋势逐渐减弱。这说明，焊钉传递剪力并不是均匀传递的，剪力主要由前三排焊钉传递，后排焊钉的传递剪力作用并不明显。

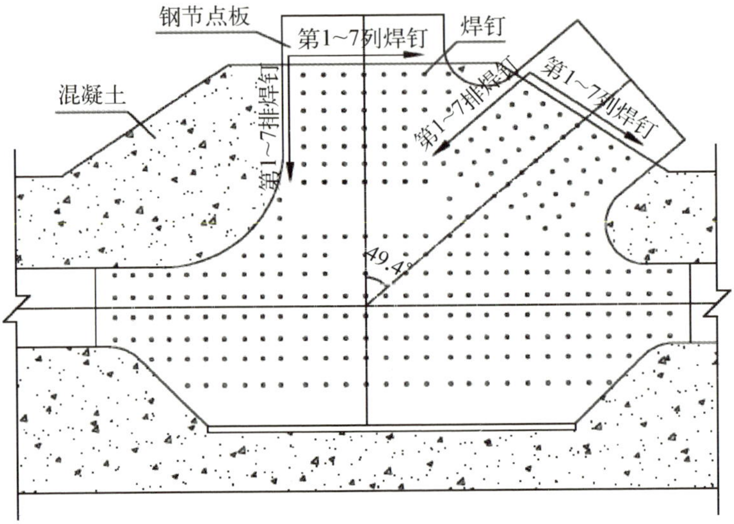

图 3-11　E6 节点焊钉布置图

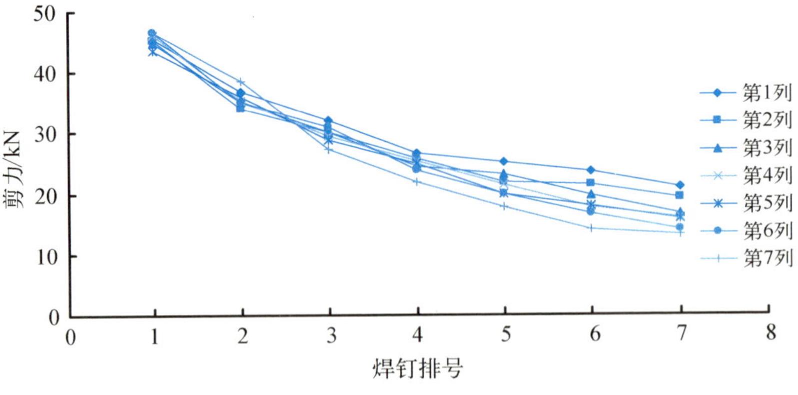

(a) 节点板斜腹杆方向

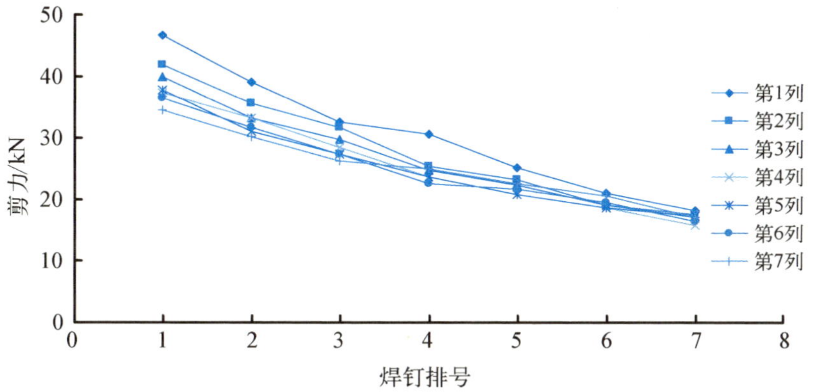

(b) 节点板竖腹杆方向

图 3－12　节点板焊钉剪力分布

3.3.2.4　弦杆荷载承担比例分析

在组合弦杆中，钢弦杆和混凝土弦杆各自承担荷载的比例是一个重要的数据，可以为设计工作提供参考，合理分配荷载承担比例，充分发挥钢弦杆与混凝土弦杆各自的作用，达到优化结构的目的。为了考察弦杆中钢结构与混凝土结构各自承担的荷载比例，选取节点附近 A—A 和 B—B 两个断面，如图 3－13 所示。

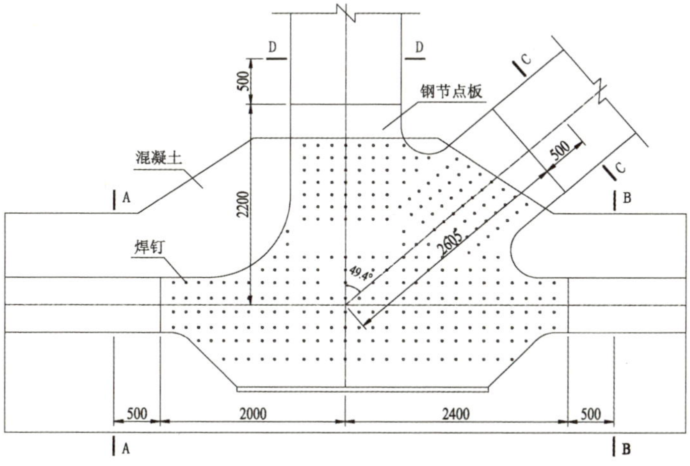

图 3－13　断面位置示意图(单位：mm)

分别计算两个断面钢结构和混凝土承担的荷载，从而得出各自的荷载承担比例，见表 3-1。在弦杆 A—A 和 B—B 断面中，钢结构承担荷载的比例约为 12%，混凝土弦杆承担了大约 88% 的荷载，这表明弦杆荷载主要是由混凝土来承担的，混凝土在承担荷载中起主要作用，钢结构起次要作用。

表 3-1 荷载承担比例

断面编号	钢结构承担的荷载 N_1/kN	混凝土承担的荷载 N_2/kN	$N_1/(N_1+N_2)$
A—A	3 130	19 604	13.8%
B—B	2 529	18 351	12.1%

3.3.3 节点受力性能影响因素分析

复合桁架节点构造复杂，钢弦杆、混凝土弦杆、竖腹杆、斜腹杆、面外斜撑等各种杆件在此汇集。杆件之间一方面通过节点板直接传力，另一方面也通过节点板上的焊钉传力，节点的传力机理十分复杂。为进一步研究其受力性能，分析影响节点受力的因素，考察焊钉布置方式、焊钉刚度取值、钢垫板的作用和钢腹杆内是否填充混凝土等方面进行探讨。

3.3.3.1 焊钉布置方式分析

为了考察焊钉不同布置方式对受力的影响，建立两个节点有限元模型。其中，模型 1 为节点原型，模型 2 在节点原型的基础上取消了竖腹杆和斜腹杆方向的前两排焊钉，以此考察焊钉布置方式对节点焊钉受力的影响。

两个模型节点斜腹杆方向焊钉剪力如图 3-14 所示，模型 2 焊钉剪力比模型 1 普遍降低，模型 2 焊钉最大剪力比模型 1 降低了约 13.5%。同时，模型 2 中的钢结构应力比模型 1 略有上升，二者混凝土应力水平相差不大。这

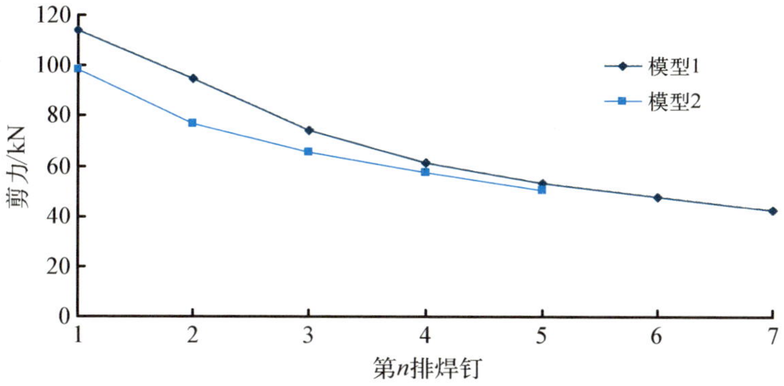

图 3-14　节点斜腹杆方向焊钉剪力

表明焊钉由于布置方式改变而减小的传递剪力，通过节点板来进行传递。

3.3.3.2　焊钉刚度取值分析

焊钉的刚度是焊钉性能的一个重要指标，一般来说，焊钉的刚度是通过推出试验来得到的。确定焊钉刚度的大小，共有三种方法。第一种方法，在推出试验中，当相对滑移达到 0.2 mm 时，荷载-滑移曲线所对应的割线的斜率，称为焊钉刚度。第二种方法，在推出试验的荷载滑移曲线上，最大抗剪承载力 1/3 处割线的斜率，称为抗剪刚度。第三种方法，非线性刚度定义为，荷载-滑移曲线的割线斜率，焊钉刚度随着荷载-滑移曲线的变化而改变。

焊钉刚度的取值如图 3-15 所示。荷载-滑移曲线中，相对滑移为 0.2 mm 时，通过相应割线斜率计算出来的焊钉刚度为 413 kN/mm。由抗剪承载力 1/3 处的割线斜率计算出来的焊钉刚度为 632 kN/mm。

不同刚度取值下的焊钉剪力如图 3-16 所示。从图中可以看出，焊钉受到的剪力值随着焊钉刚度取值而不同，焊钉的刚度取值越大，焊钉承担的剪力值也就越大。当考虑焊钉刚度的非线性时，计算出来的焊钉承受的剪力值更加均匀。

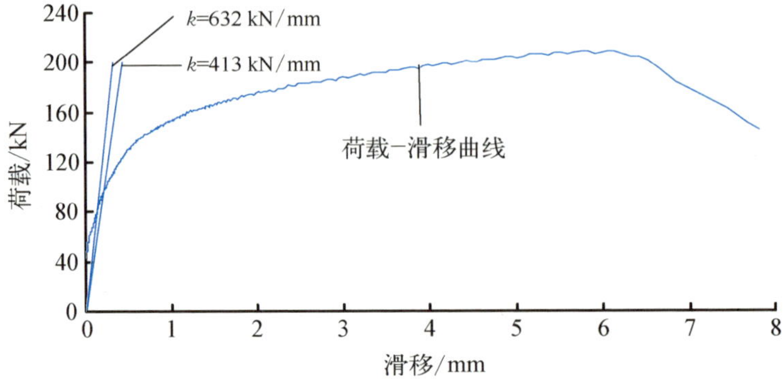

图 3-15　焊钉刚度的取值

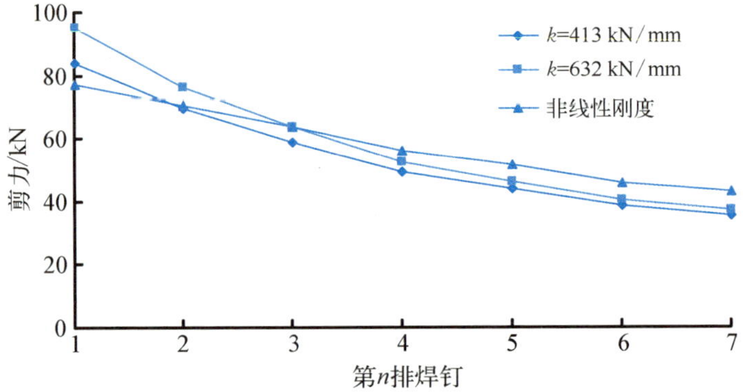

图 3-16　不同刚度取值时焊钉剪力

3.3.3.3　钢垫板作用分析

在墩顶的节点钢结构中，增加了一块钢垫板以改善结构受力，钢垫板结构如图 3-17 所示。分别建立设置钢垫板和不设置钢垫板的两种有限元模型，对比分析其受力性能的异同。竖腹杆方向焊钉的受力情况如图 3-18 所示，从图中可以看出，设置钢垫板后焊钉剪力明显下降，尤其是在靠近钢垫板处的焊钉，剪力下降达 60%。同时，增加钢垫板，也降低了节点钢结构应力水平，节点混凝土受力没有明显改变。计算结果表明，设置钢垫板可以降低焊钉和钢结构的应力水平，对节点的受力性能有一定的改善。

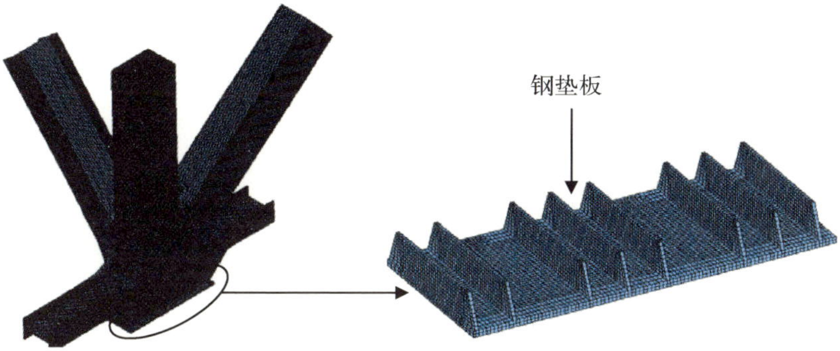

图 3 - 17　钢垫板有限元模型

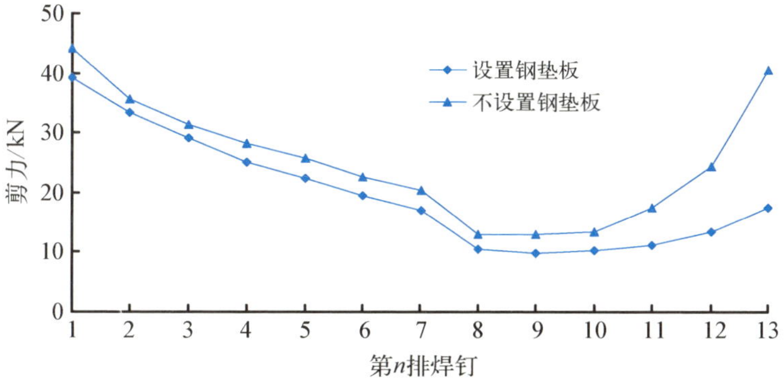

图 3 - 18　焊钉剪力

3.3.3.4　钢腹杆内填充混凝土的影响分析

在墩顶节点，竖腹杆和斜腹杆中填充混凝土，以改善腹杆的受力性能，提高腹杆的承载能力，增大结构的安全储备。为考察填充混凝土对结构的影响，选取 C—C 和 D—D 断面进行研究，如图 3 - 19 所示。分别提取两断面处，钢结构和混凝土承担的荷载，分析钢结构和混凝土承担荷载的比例，见表 3 - 2。从表中可以看出，在竖腹杆和斜腹杆中，钢结构承担约55%的荷载，混凝土承担约45%的荷载，说明腹杆中填充的混凝土承担了将近一半的荷载，有效地降低了钢结构的应力水平，在钢腹杆中填充混凝土可以显著地提高钢腹杆的承载力，改善腹杆的受力性能。

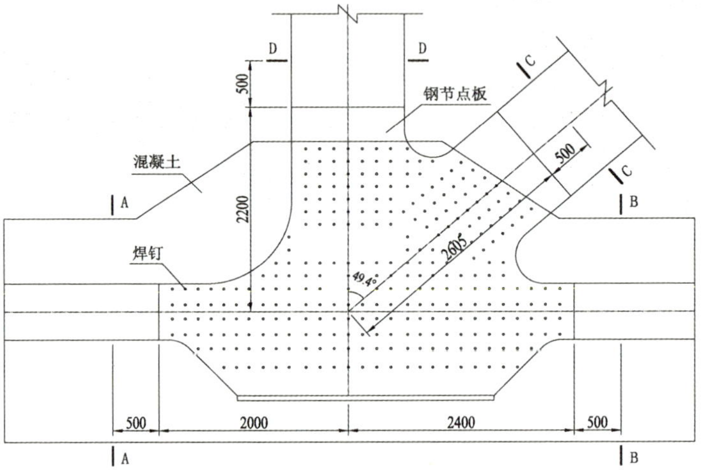

图 3-19 断面位置示意图(单位: mm)

表 3-2 荷载承担比例

断面编号	钢结构承担的荷载 N_1/kN	混凝土承担的荷载 N_2/kN	$N_1/(N_1+N_2)$
C—C	4 834	4 017	54.6%
D—D	9 800	7 854	55.5%

3.4 复合桁架节点模型试验及结果分析

本节介绍了试验模型的设计和制作，加载装置及加载步骤，测试内容、测点布置和测试方法，对试验结果进行了研究，并把有限元计算的结果和试验结果做了对比分析。

3.4.1 节点静力试验方案

节点试验采用缩尺模型,模型比例为 1∶2.5。节点的竖腹杆和斜腹杆的轴力大小作为试验节点选择的依据。根据计算的结果选取受力最不利的具有代表性的 E5 节点作为研究对象,考虑了恒载和汽车荷载的作用,与其他节点相比,其竖腹杆与斜腹杆计算得到的轴力最大。所选节点在全桥中的位置见图 3-20。

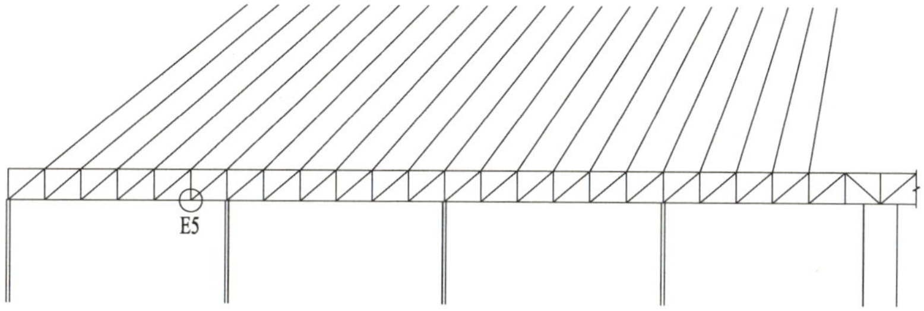

图 3-20　E5 节点在全桥中的位置

3.4.1.1　试验目的

通过 1∶2.5 节点模型静力加载试验,研究节点的力学性能。即通过钢结构应变测试,分析钢结构应力大小和分布;通过混凝土和钢筋应变测试,研究混凝土应力大小和分布;通过结合段相对滑移测试,研究钢与混凝土间的结合性能;通过断面应变测试,分析钢与混凝土承载比例。

3.4.1.2　模型试件设计与制作

模型设计的原则为相似理论,要求模型与实际结构几何相似,对应截面刚度相似,对应钢—混凝土结合面受力相似以及边界条件相似。模型长度的选取考虑圣维南原理。模型混凝土的配筋率、钢结构等构造细节完全按实际结构尺寸模拟，如果各钢板厚度按几何缩尺模拟的尺寸实际无法实现时，在保证模型截面面积、惯性矩满足相似关系前提下，对尺寸微调。钢-混凝土结合面上焊钉连接件按总体抗剪刚度相似设计。考虑到在试验中施加空间荷载较为复杂，并且与其他杆件相比，面外斜撑受力较小，因此在试验中不考虑面外斜撑的作用，使试验得到简化。

本试验采用缩尺比例为 1∶2.5 的模型进行试验，即模型与原型的几何相似常数 $C_L=1/2.5$；模型采用与原型相同的材料，即物理相似常数 $C_E=C_\mu=C_y=1.0$。试验要求模型的应力（应变）与原型的应力（应变）相等，即 $C_\sigma=1.0$，根据边界相似关系荷载相似比 $C_F=C_\sigma=C_L^2$，模型上各点荷载与原型荷载的相似常数为 1/6.25。模型与原型相似比关系见表3－3。

表 3－3　模型与原型的相似比

参　数	几何尺寸	板　厚	弹性模量	荷　载	应　力	应　变
相似比	1∶2.5	1∶2.5	1∶1	1∶6.25	1∶1	1∶1

试验模型的选材与原型保持一致，采用 Q345qD 钢材，使用 C50 混凝土。钢材、混凝土和焊钉材料属性见表 3－4～表 3－6。

表 3－4　钢板材料属性

编号	板厚/mm	屈服强度 f_y/MPa	极限强度 f_u/MPa	伸长率/%	f_y/f_u
1	10	380	545	28.0	0.70
2	14	425	550	26.0	0.77
3	16	405	540	24.5	0.75
4	20	390	530	31.0	0.74

表 3－5　混凝土材料属性

名义强度/MPa	抗压强度/MPa	抗拉强度/MPa	弹性模量/GPa
50	50.6	3.19	34.5

表 3-6　焊钉材料属性

规格/(mm×mm)	屈服强度 f_y/MPa	极限强度 f_u/MPa	伸长率/%
13×80	385	490	18.0

节点试验模型细部尺寸如图 3-21 所示。

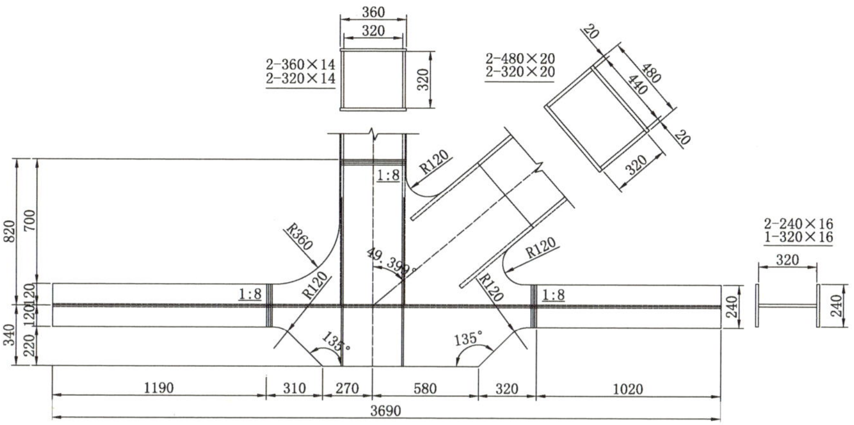

(a) 模型钢结构尺寸

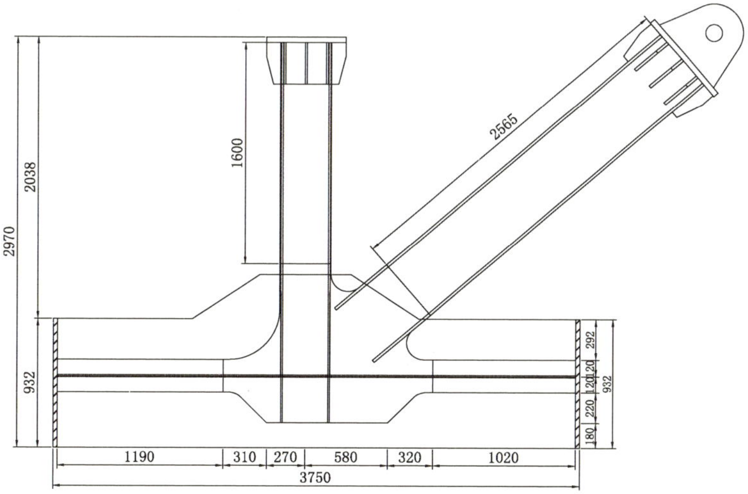

(b) 模型尺寸

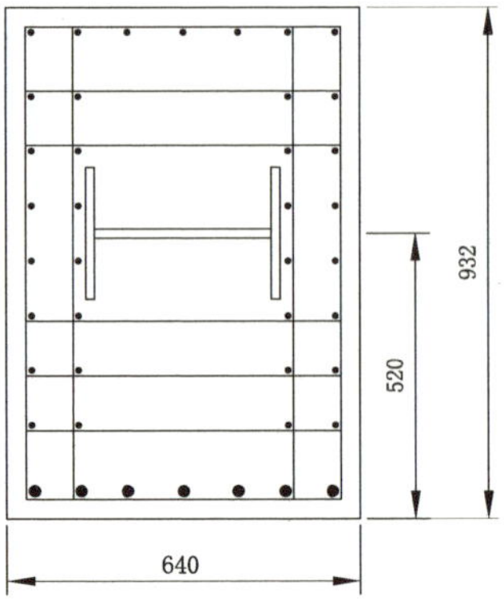

(c) 弦杆断面尺寸

图 3－21　节点试验模型构造图(单位：mm)

3.4.1.3　试验加载及测试

试验装置如图 3－22 和图 3－23 所示。在竖腹杆和弦杆左侧使用千斤顶施加压力,试验装置最重要的就是要保证反力架的刚度和强度,使之能

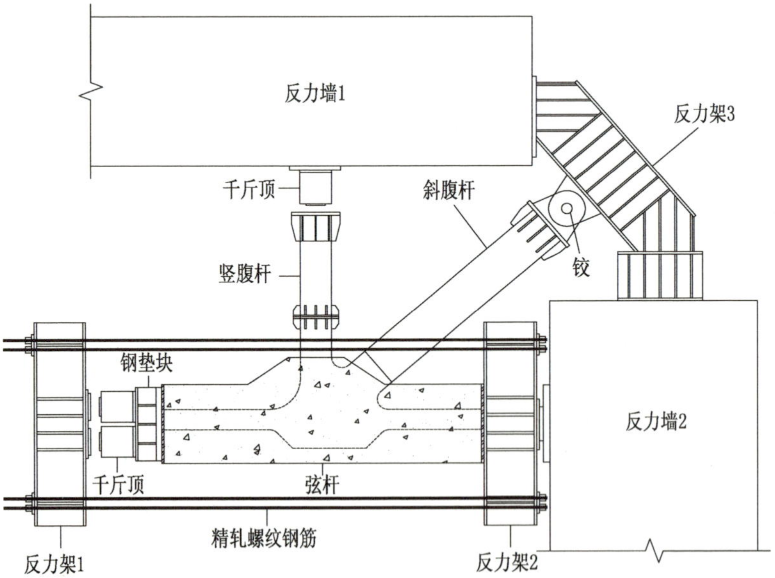

图 3－22　试验加载示意图

够满足受力和变形的要求。反力架 1 和反力架 2 通过 16 根直径为32 mm 的精轧螺纹钢筋连接，形成自平衡结构体系，抵抗弦杆弦杆左侧千斤顶施加的压力。反力架 3 通过铰与节点连接，当竖腹杆处千斤顶施加压力时，斜腹杆被动受力，斜腹杆内的力通过铰传递给反力架 3，再由反力架 3 传到反力墙上。斜腹杆被动受力时产生的对节点的水平分力，通过支撑在反力墙上的反力架 2 传到反力墙上。

图 3 - 23　试验加载图

试验加载采取分级加载的方式。每一级增加的荷载值为设计荷载的 10%，每级持荷 5 min 后再读数。最大荷载加载到设计荷载的 170%，一共分 17 个加载级。节点各个杆件所加荷载的最大值如图 3 - 24 所示。

在正式加载前，对试验试件进行预加载。预加载同样采取分级的加载方法，最大加载到设计荷载的 30%。通过预加载，一方面用来测试各种仪器的使用状态是否良好，能否正常工作，保证测量数据的可靠性；另一方面可以消除试验体系中各个装置之间的空隙，消除因装置之间的空隙而产生的对试验加载的不利影响，使试验装置能够紧密配合，确保正式加载的顺利进行。

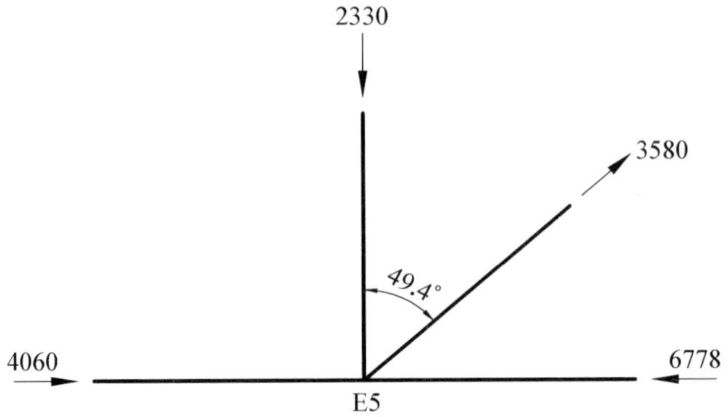

图 3-24　杆件受力最大值(单位: kN)

钢结构表面应变片布置如图 3-25(a)所示。通过测试钢结构表面应变,分析其应力分布及大小。在弦杆方向、竖腹杆方向和斜腹杆方向分别贴有应变片,研究应力传递效果和途径,在预测的应力集中的位置放置应变花,测试最大应力的大小。

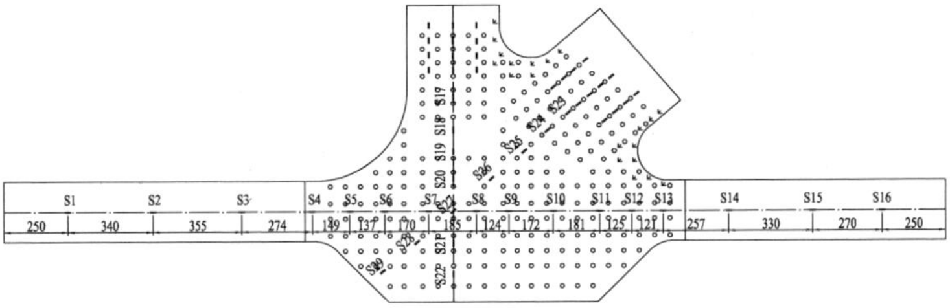

(a) 钢结构表面应变片及应变花布置

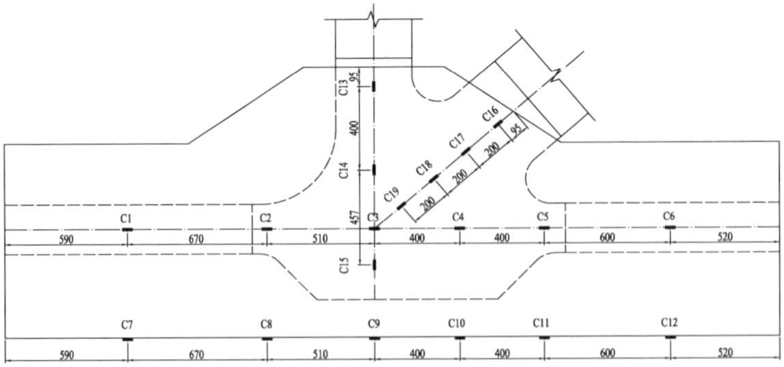

(b) 混凝土表面应变片布置

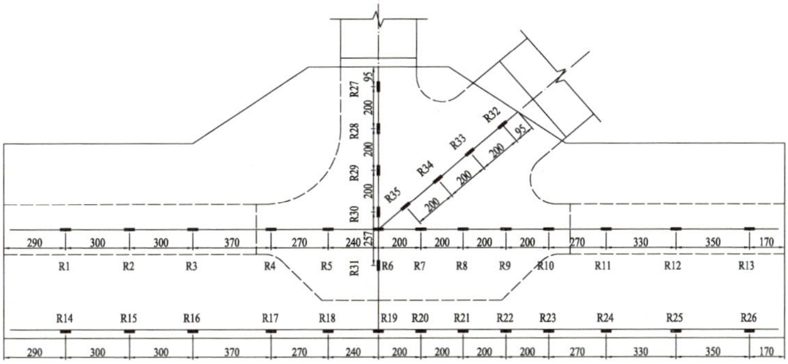

(c) 钢筋表面应变片布置

图 3 - 25　应变片及应变花布置示意图(单位：mm)

在混凝土和内部钢筋上，沿弦杆方向、竖腹杆方向和斜腹杆方向分别贴有应变片，如图 3 - 25(b)和(c)所示。通过测试弦杆混凝土应变大小及分布，研究其应力状态及受力性能，考察混凝土受力均匀性，应力传递路径。

3.4.2　试验结果及分析

3.4.2.1　荷载应变关系曲线

在 1.7 倍设计荷载作用下，结构上各测点的荷载-应变关系曲线如图 3 - 26 所示。从图中可以看出，钢结构、钢筋和混凝土上测点的荷载-应变关系基本呈线性分布，说明在施加荷载的过程中，节点始终保持弹性状态，结构尚未进入塑性变形阶段。在本书荷载幅度下，可以用相关的线弹性理论来分析结构的受力。试验结果表明，在 1.7 倍设计荷载作用下，结构仍处于弹性状态，表明结构具有较高的安全储备。

3.4.2.2　钢与混凝土相对滑移

在竖腹杆和斜腹杆与混凝土交接面处，分别布置位移计 1,2,3 和 4，如图 3 - 27 所示。钢与混凝土相对滑移如图 3 - 28 所示，从图中可以看出，

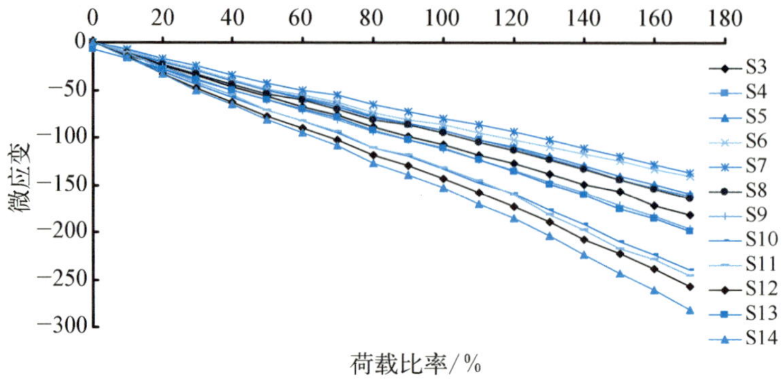

(a) 钢结构上测点

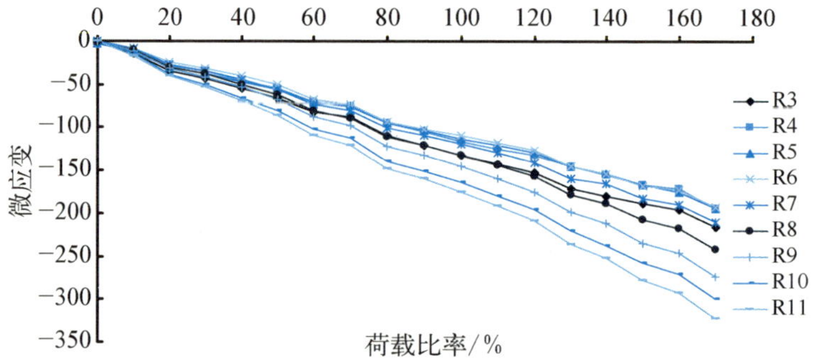

(b) 钢筋上测点

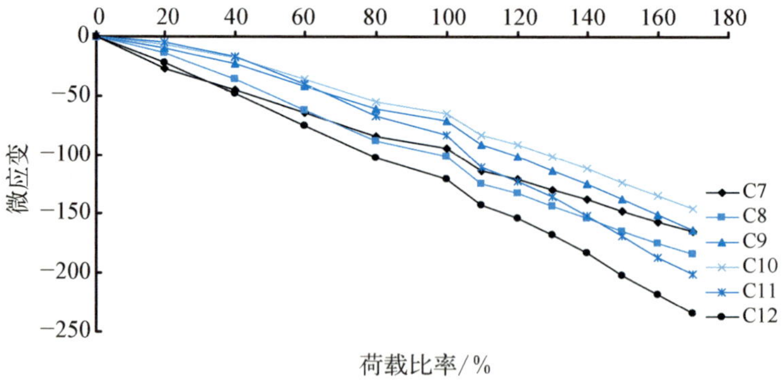

(c) 混凝土上测点

图 3-26 测点荷载-应变曲线

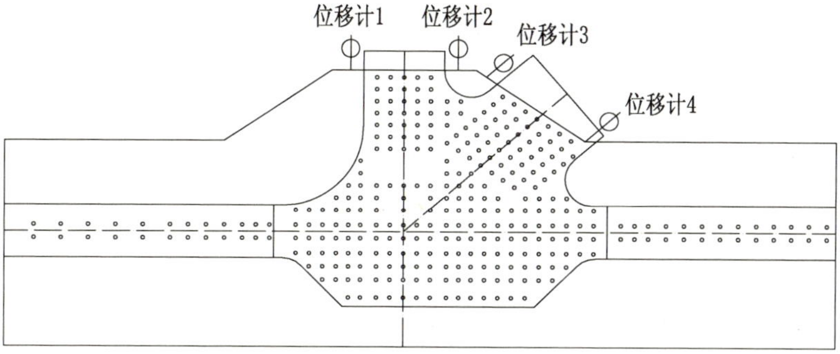

图 3－27　位移计布置图

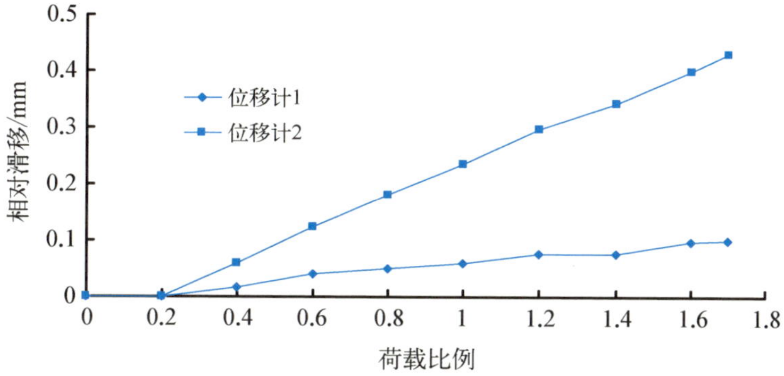

(a) 竖腹杆

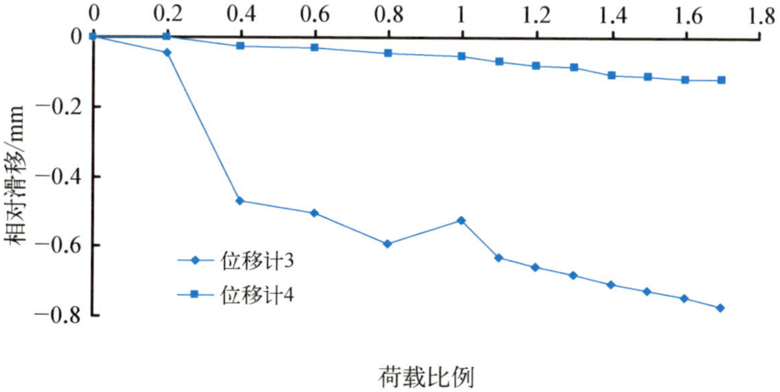

(b) 斜腹杆

图 3－28　相对滑移曲线

钢与混凝土相对滑移量较小，其中，竖腹杆右侧相对滑移比左侧大，位移计 1 在 1.7 倍设计荷载下最大相对滑移量为 0.1 mm，位移计 2 在 1.7 倍设计荷载下最大相对滑移量为 0.43 mm。斜腹杆左侧相对滑移比右侧大，位移计 3 在 1.7 倍设计荷载下最大相对滑移量为 0.77 mm，位移计 4 在 1.7 倍设计荷载下最大相对滑移量为 0.12 mm。

3.4.2.3 竖腹杆方向传力分析

钢节点板竖腹杆方向应变分布如图 3－29 所示。从图中可以看出，节点板从上到下，随着距钢弦杆中心线的距离的减小，竖向压应变迅速减小，随后压应变变为拉应变，拉应变缓慢增长。这说明，一方面，由于节点板横断面逐渐增大，节点板内的应力逐渐扩散，应力水平下降；另一方面，是由于焊钉的传递剪力性能，钢结构中的部分应力通过焊钉传递给混凝土，导致钢结构应力降低。在钢弦杆中心线附近，受斜腹杆拉力的作用，钢节点板出现拉应力。从钢节点板应变迅速降低，也可以说明该节点能够使荷载从钢腹杆顺利地传递到混凝土弦杆中，达到了节点设计的目的和作用。

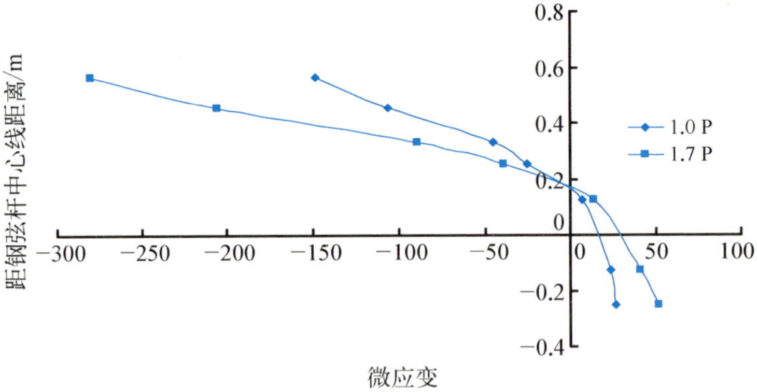

图 3－29　节点板钢结构竖向应变分布

节点板处钢筋竖向应变分布如图 3－30 所示。从图中可以看出，从上到下，随着距钢弦杆中心线的距离的减小，节点板处钢筋应变迅速增大，而

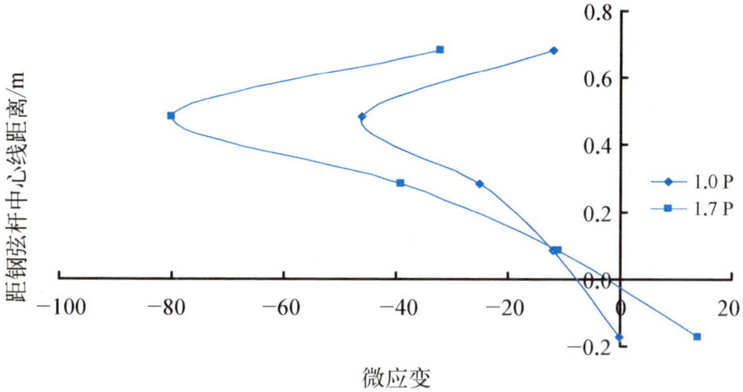

图 3-30　节点板处钢筋竖向应变分布

后又逐渐减小，在钢弦杆中心线附近，出现拉应变。这说明，一方面，钢结构中的压应力通过焊钉传递给混凝土，导致混凝土中的压应力迅速增加；另一方面，随着钢结构自身断面的逐渐增大，钢结构中的应力逐渐减小，传递给混凝土的应力也减小，同时，节点处混凝土断面增大，也可以使应力扩散出去，所以混凝土中的压应力减小。在钢弦杆中心线附近，受到斜腹杆拉力的影响，混凝土中出现较小的拉应力，并且该拉应力在设计允许范围内。同样，从钢筋应变的迅速增大，也可以说明荷载能够顺畅地从钢结构中传递到混凝土中，该复合桁架节点具有良好的传力性能。

3.4.2.4　斜腹杆方向传力分析

节点板钢结构斜腹杆方向应变分布如图 3-31 所示。从图中可以看出，节点板钢结构从右上到左下，随着距节点板中心点距离逐渐减小，沿斜腹杆方向拉应变迅速减小，在竖腹杆附近，变为压应变。这说明，一方面由于节点板横断面逐渐增大，节点板内的应力逐渐扩散，应力水平下降；另一方面是由于焊钉的传递剪力性能，钢结构中的部分应力通过焊钉传递给混凝土，导致钢结构应力降低。在竖腹杆附近，受弦杆压应力的影响，出现压应力。从钢节点板应变迅速降低，也可以说明该节点能够使荷载从钢腹杆

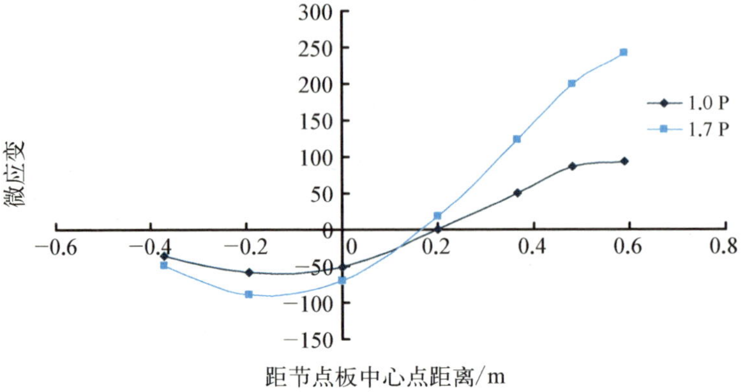

图 3－31　节点板钢结构斜腹杆方向应变分布

顺利地传递到混凝土弦杆中，节点传力的效果明显。

节点板处钢筋和混凝土斜腹杆方向应变分布分别如图 3－32 和图 3－33 所示。从图中可以看出，节点板处钢筋和混凝土从右上到左下，沿斜腹杆方向压应变迅速变小，并转换成拉应变，随后，拉应变减小，变成压应变。这说明，混凝土承受到钢结构上焊钉传递过来的应力，端部产生压应力，随后，混凝土与节点板钢结构一起受到斜腹杆的拉力作用，出现拉应力，在钢弦杆附近，受到弦杆方向压力的作用，拉应力逐渐转变为压应力。

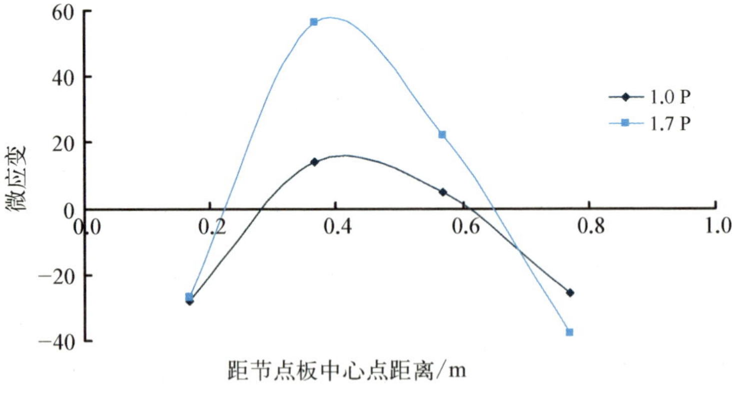

图 3－32　节点板处钢筋斜腹杆方向应变分布

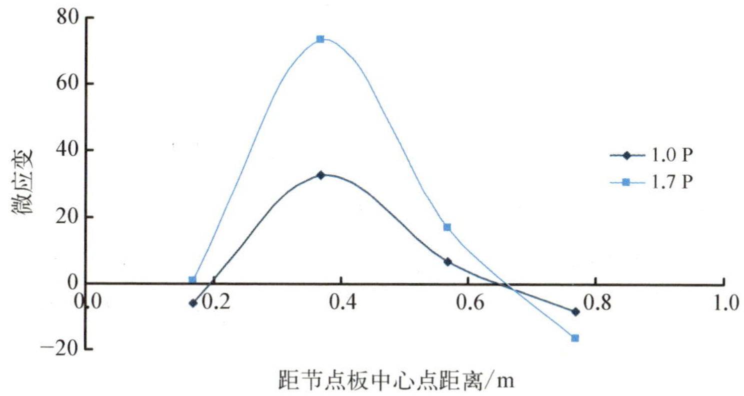

图 3-33 节点板处混凝土斜腹杆方向应变分布

3.4.2.5 水平向传力分析

节点板钢结构水平方向应变分布如图 3-34 所示。从图中可以看出，钢节点板从左到右，压应变首先缓慢减小，在节点板中心部分逐渐增大，然后应变逐渐减小。这说明，一方面由于节点板横断面逐渐增大，节点板内的应力逐渐扩散，应力水平下降；另一方面是由于焊钉的传递剪力性能，钢结构中的部分应力通过焊钉传递给混凝土，导致钢结构应力降低。在节点板中心附近，由于受到斜腹杆拉力的作用，钢结构中的压应力逐渐增大。

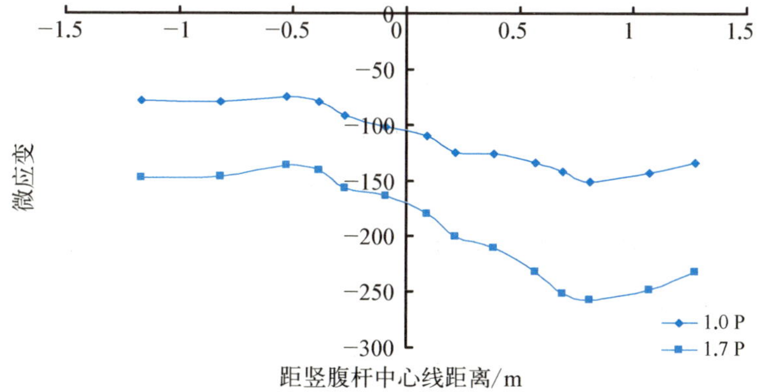

图 3-34 节点板钢结构水平方向应变分布

在节点板右端，钢结构所受到的力逐渐传递到混凝土中，应力有减小的趋势。

节点板处混凝土水平方向应变分布如图 3－35 所示。从图中可以看出，节点板处的混凝土从左到右，压应变逐渐减小，在竖腹杆中心线的右侧压应变逐渐增加。这说明，在节点左端，由于弦杆混凝土横截面逐渐增大，受力面积增大，使应力扩散出去，混凝土中的应力水平逐渐下降；在节点右端，由于受斜腹杆拉力的作用，混凝土中的应力有逐渐增大的趋势。

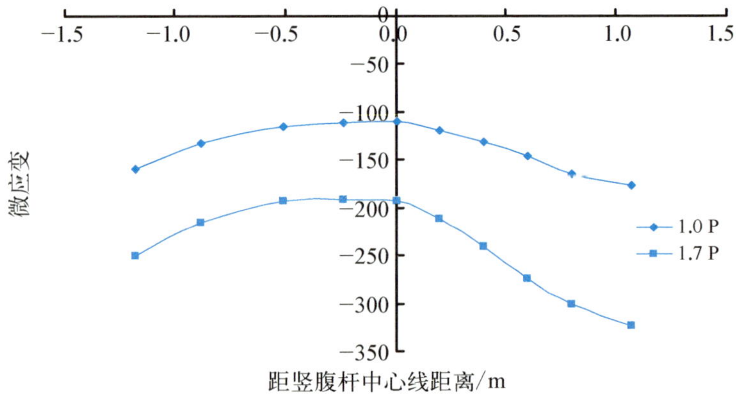

图 3－35　节点板混凝土水平方向应变分布

3.4.2.6　荷载承担比例分析

为了确定弦杆中钢结构与混凝土结构各自承担荷载的比例，选取断面 A 和断面 B，如图 3－36 所示，在这两个断面处的钢结构、钢筋和混凝土上布置应变片。在试验过程中，记录断面上各应变片的读数，计算出断面钢结构和混凝土分别承担的荷载的大小，从而得出各自承担荷载的比例，荷载承担比例的大小如表 3－6 所示。

从表 3－6 中可以看出，在断面 A—A 和断面 B—B 中，弦杆钢结构承担荷载的比例约为 11%，混凝土承担的荷载比例约为 89%，这说明弦杆的

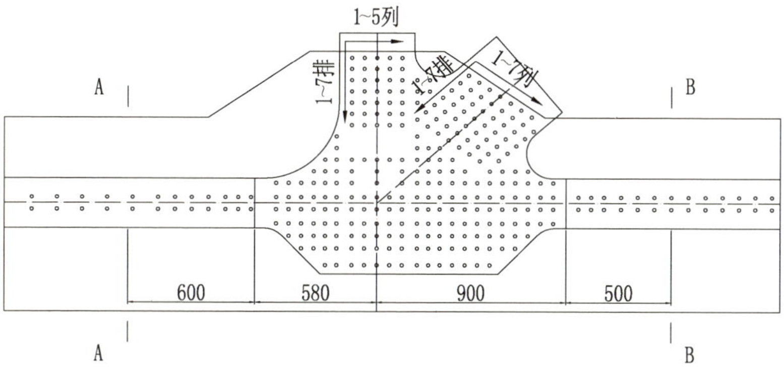

图 3-36　节点试验断面位置示意图(单位：mm)

荷载主要是由混凝土来承担的，混凝土在承担荷载中起主要作用，钢结构起次要作用。

表 3-6　荷载承担比例

截面编号	钢结构承担的荷载 N_1/kN	混凝土承担的荷载 N_2/kN	$N_1/(N_1+N_2)$
A—A	−439	−3 621	10.8%
B—B	−722	−6 056	10.7%

3.4.3　节点有限元计算与试验结果对比分析

为了进一步研究复合桁架节点的受力性能，针对节点试验模型，建立有限元模型进行计算模拟，并把有限元计算结果与试验结果进行对比分析。

3.4.3.1　有限元模型的建立

根据试验模型，建立有限元分析模型，其材料属性和单元选择与第 2 章相同，钢结构和混凝土均采用 SOLID45 实体单元模拟，焊钉采用三维弹簧元 COMBIN14 单元模拟，焊钉的性能由焊钉推出试验取得。在钢与混凝土交界面处，混凝土表面用接触单元 CONTA173 代表，钢表面用目标单元 TARGE170 代表，目标单元和接触单元通过一系列参数构成接触，接触单元只能够传递压力，不能传递拉力。

有限元模型的边界条件与试验模型完全一致，这样可以保证有限元分析与试验研究具有可比性。有限元模型如图 3－37 所示。

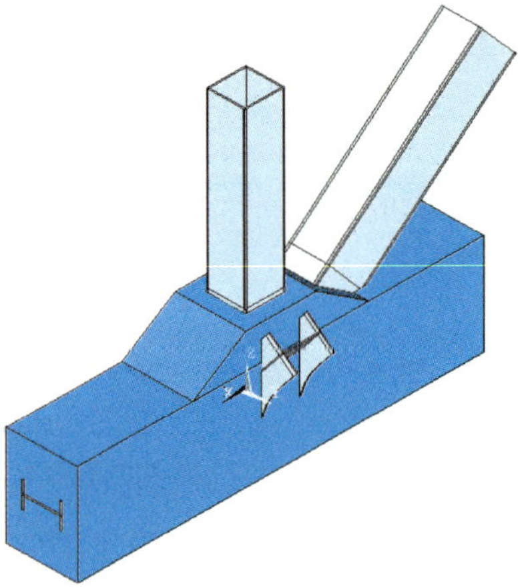

(a) 节点有限元整体模型

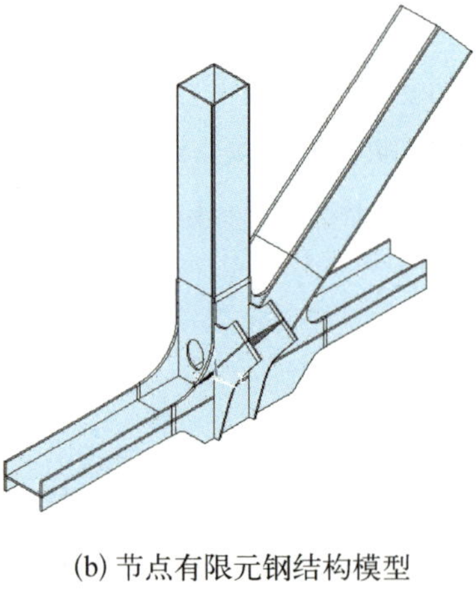

(b) 节点有限元钢结构模型

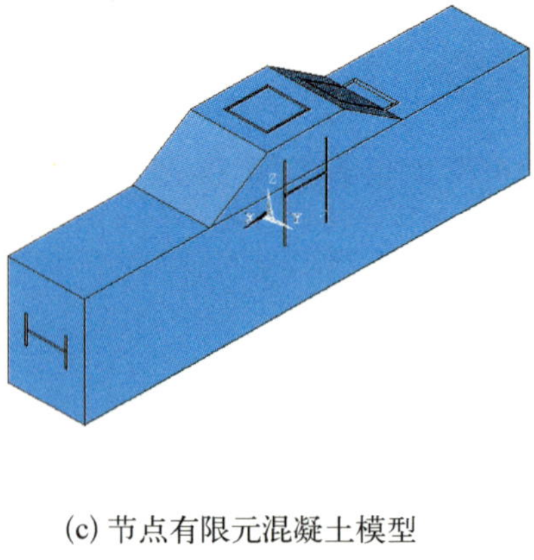

(c) 节点有限元混凝土模型

图 3－37　节点试验有限元模型

3.4.3.2　节点应力有限元计算结果

通过有限元计算,得到节点的应力分布图。节点板钢结构和混凝土应力分布图如图 3-38 和图 3-39 所示。从图中可以看出,在 1.7 倍设计荷

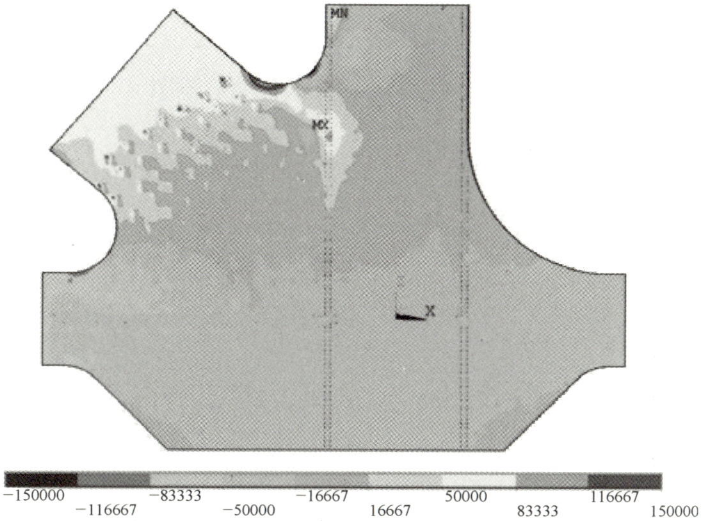

图 3-38　节点板钢结构应力分布图(单位: MPa)

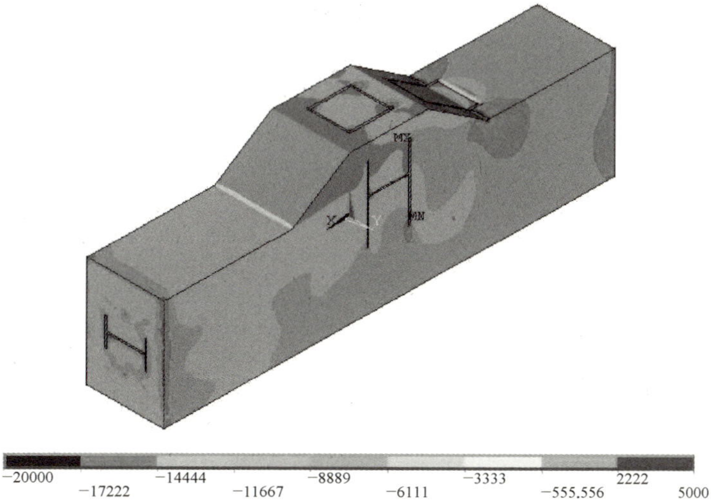

图 3-39　节点混凝土应力分布图(单位: MPa)

载作用下，节点板钢结构整体应力水平不高，在各转角处应力较大，最大应力出现在竖腹杆和斜腹杆交接处，最大应力为 264.8 MPa。混凝土应力主要集中在−15～0 MPa 之间，在折角处存在应力局部升高的现象。

3.4.3.3 有限元结果与试验结果对比分析

有限元计算结果与试验结果对比如图 3-40 和图 3-41 所示，从图中可以看出，钢结构和混凝土结构的有限元计算结果与试验实测结果吻合得较好，有限元分析方法可以较为准确的计算结构的受力情况，具有较高的可信性。

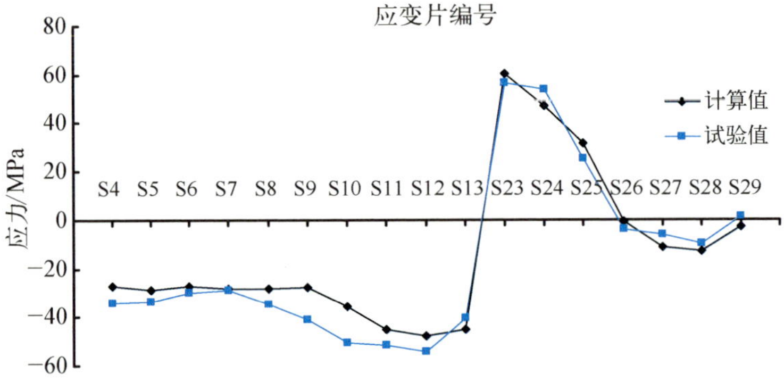

图 3-40 钢结构应力对比图

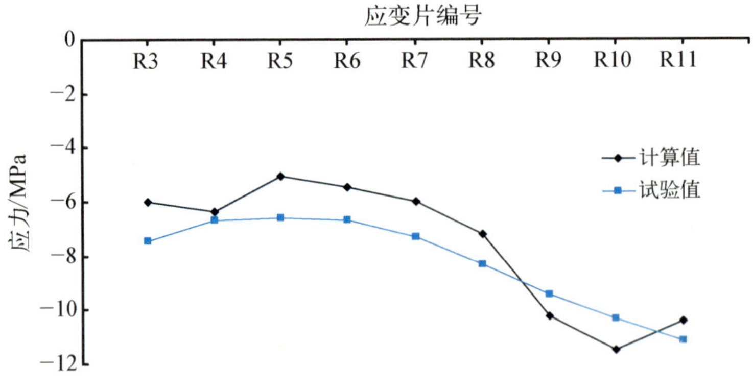

图 3-41 混凝土应力对比图

3.4.3.4　焊钉受力性能分析

节点板焊钉受力计算结果如图 3-42 和图 3-43 所示。从图中可以看出，前排焊钉受力要大于后排焊钉，前三排焊钉传递了大部分的剪力。焊钉所受剪力从前排到后排逐渐减小，从前排到后排减小的趋势逐渐减弱。

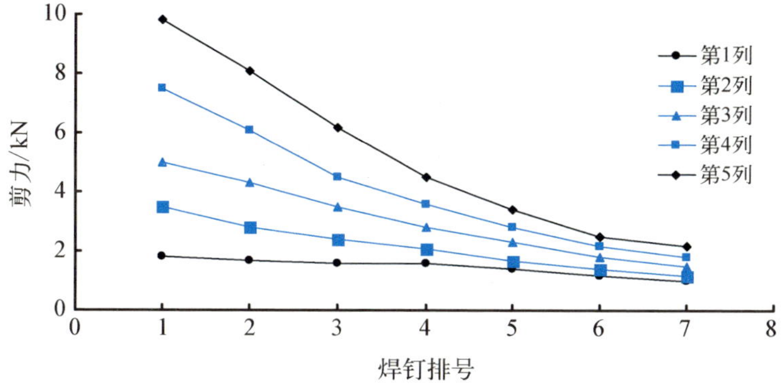

图 3-42　节点板斜腹杆方向焊钉剪力分布

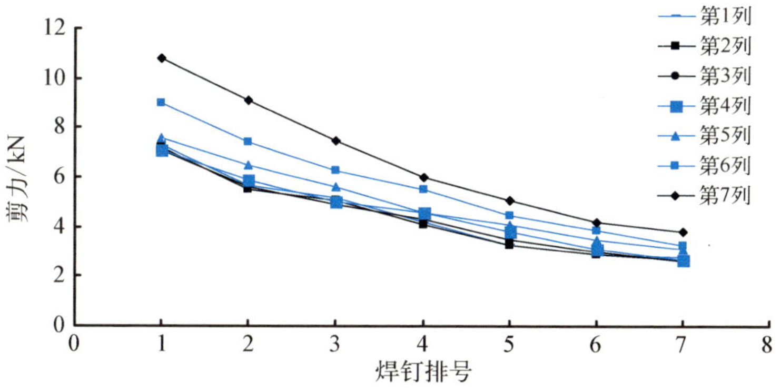

图 3-43　节点板竖腹杆方向焊钉剪力分布

3.5　本 章 小 结

本章通过有限元分析和模型试验的方法，对复合桁架节点的力学性能进行了研究与分析，得到如下结论：

（1）在节点板处各种杆件交汇，节点板受力十分复杂，应力分布不均匀，节点板中心部分应力水平低。同时，受到节点板上焊钉剪力的影响，出现局部应力增高的现象。

（2）节点的混凝土主拉应力水平不高，在混凝土各个角点以及横梁预应力锚固处，混凝土主拉应力局部增大。

（3）节点板上，在主要受力方向，前排焊钉受力要大于后排焊钉，前三排焊钉传递大部分剪力。焊钉所受剪力从前排到后排逐渐减小，从前排到后排减小的趋势逐渐减弱。

（4）在弦杆中，钢结构承担荷载的比例约为 12%，混凝土弦杆承担了大约 88%的荷载，这表明弦杆荷载主要是由混凝土来承担的，混凝土在承担荷载中起主要作用，钢结构次要作用。

（5）焊钉布置方式、焊钉刚度取值、钢垫板的设置和钢腹杆内是否填充混凝土对节点的受力性能有很大的影响，可以作为复合桁架节点设计的参考。

（6）在 1.7 倍设计荷载作用下，结构荷载-应变曲线呈线性关系。说明结构处于线弹性状态，可以使用线弹性理论对结构进行分析。结构具有一定的安全储备。

第4章 复合桁架节点构造形式及疲劳性能试验研究

4.1 概　　述

本书论述了目前已建成的复合桁架桥梁的节点形式及其构造特点，并参照已有的设计成果，根据复合桁架节点的受力和构造特点，针对钢弦杆式节点，研发了两种新型的节点构造形式——节点板开孔式节点和开孔肋板式节点。并针对这两种新形式的节点和已有的焊钉式节点，制作了 3 个 1∶4 的节点试验模型，进行了疲劳试验研究。从节点荷载-位移关系、加载次数-位移关系、荷载-应变关系、裂缝开展情况和钢与混凝土相对滑移等方面入手，研究了节点的疲劳性能，并把三种节点疲劳试验结果进行了比较分析。

4.2 复合桁架节点构造形式研发

4.2.1 复合桁架节点构造形式

复合桁架节点根据钢腹杆与混凝土弦杆连接构造的不同，可以分为翼缘式、嵌入式和钢弦杆式三种节点形式。根据钢腹杆与混凝土之间或钢腹杆之间的连接件的不同，又可以进一步细分。到目前为止，已建成的复合桁架桥梁的节点主要有如图 4－1 所示的几种形式。

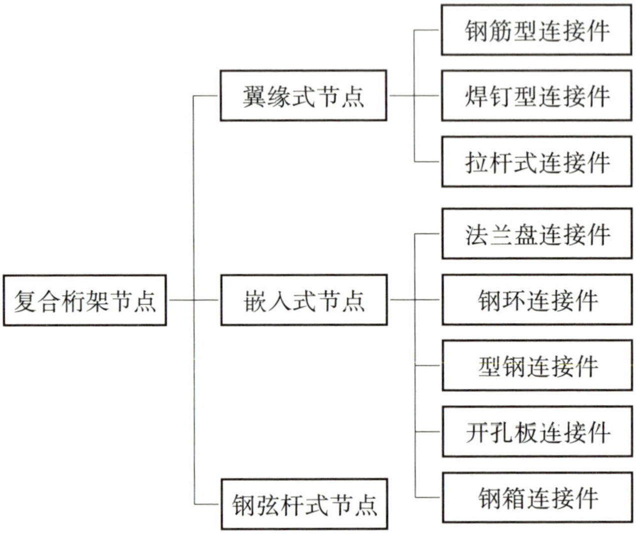

图 4－1　复合桁架节点形式分类

1. 翼缘式节点

是指在钢腹杆端部设置翼缘板，翼缘板上设置连接件，钢腹杆通过翼缘板上的连接件与混凝土弦杆连接成一体，并共同受力的节点形式。根据翼缘板上设置的连接件的不同，可以分为以下几种节点类型：

(1) 钢筋连接件型构造如图 4－2 所示，是把螺纹钢筋焊接在翼缘板上，通过钢筋在钢与混凝土之间传递剪力的节点形式。常用的连接钢筋有弯起钢筋、环形钢筋以及螺旋形钢筋等，其施工简便，抗剪切及掀起作用较强。

(2) 焊钉连接件型节点构造如图 4－3 所示，是把焊钉焊接在翼缘板上，通过焊钉在钢与混凝土之间传递剪力与拉拔力的节点形式。焊钉的受力具有各向同性，因此设置时可以不必考虑焊钉具体的受力方向。此种形

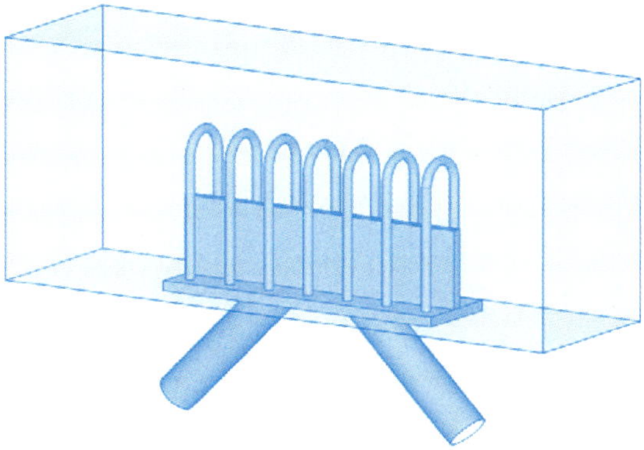

图 4－2　钢筋型连接件

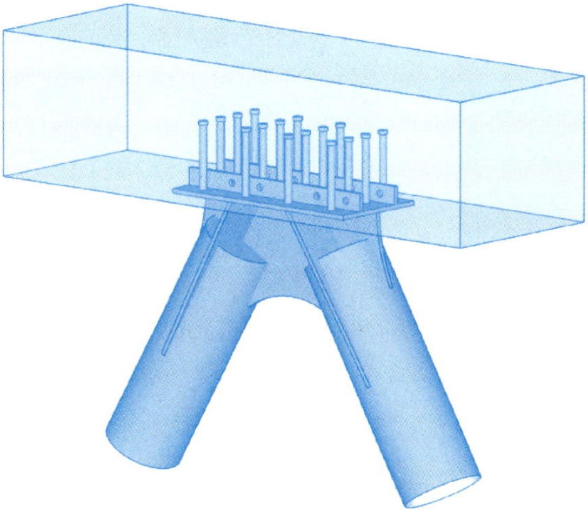

图 4－3　焊钉型连接件

式的节点在日本椿原大桥和韩国的 Shin chun 桥中得以应用。

(3) 拉杆式连接件型节点构造如图 4－4 所示，是在翼缘板处设置锚拉杆，来保证钢腹杆与混凝土弦杆的连接，并且在受拉钢腹杆中设置预应力钢筋与混凝土结合在一起，来抵抗拉力。这一节点形式应用在法国的 Boulonnais 桥上。

2. 嵌入式节点

是指钢腹杆插入混凝土弦杆内部，并且在混凝土内部通过一定的构造

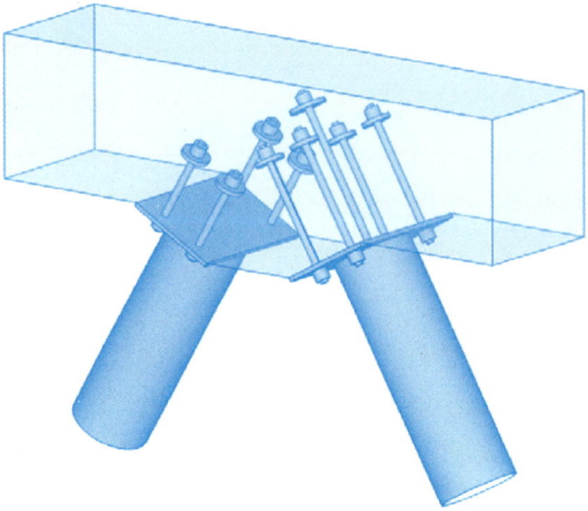

图 4-4　拉杆式连接件

措施，把钢腹杆连接起来，并与混凝土共同受力的节点形式。根据钢腹杆连接形式的不同，可以分为以下几种节点类型：

(1) 法兰盘式连接件型节点构造如图 4-5 所示，是指两个钢腹杆在混凝土弦杆内部通过法兰盘连接在一起，通过法兰盘传递荷载并与混凝土共同工作的节点形式。这种节点形式在日本 Shitsumi(志津见)桥上有所应用。

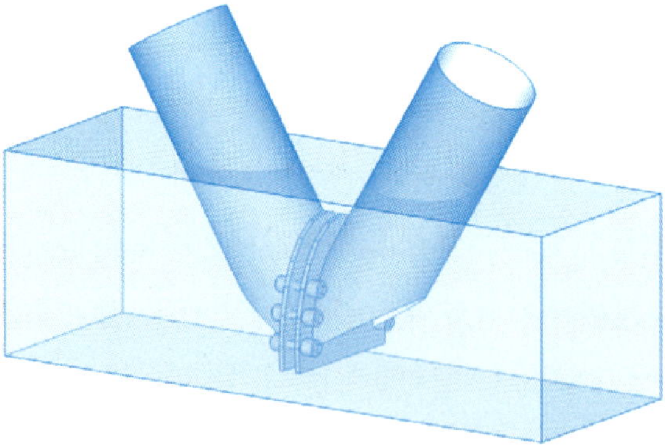

图 4-5　法兰盘式连接件

(2) 钢环连接件型节点构造如图 4-6 所示，是指两个钢腹杆在混凝土弦杆内部通过钢环连接在一起，通过钢环传递荷载并与混凝土共同工作的节点形式。这种节点形式在日本 Sarutagawa（猿田川）桥和 Tomoegawa（巴川）桥上有所应用。

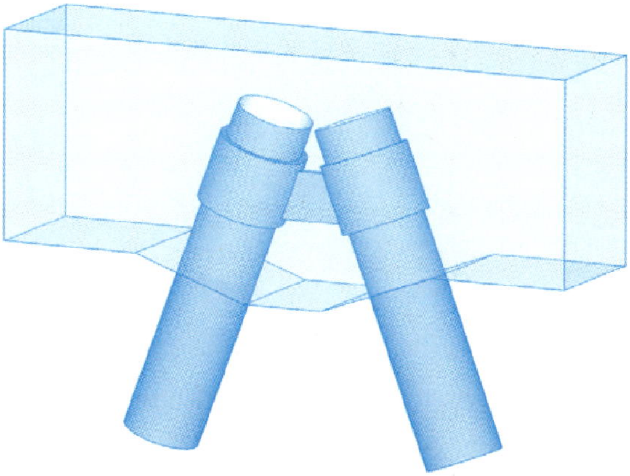

图 4-6　钢环连接件

（3）型钢连接件型节点构造如图 4-7 所示，是指两个钢腹杆在混凝土弦杆内部通过型钢连接在一起，通过型钢传递荷载并与混凝土共同工作的节点形式。

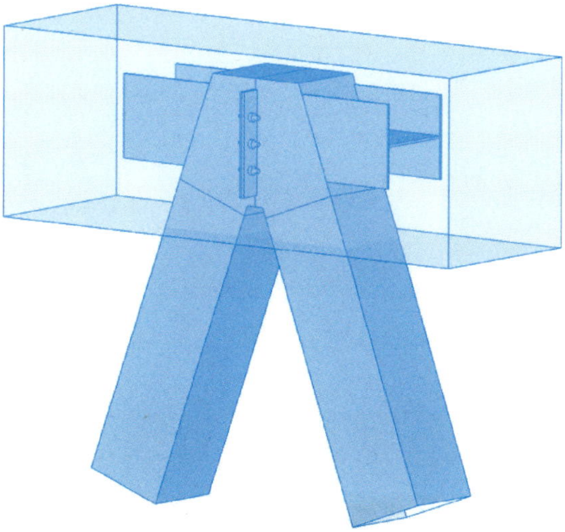

图 4-7　型钢连接件

(4) 开孔板连接件型节点构造如图 4-8 和图 4-9 所示,是指两个钢腹杆在混凝土弦杆内部通过开孔板连接在一起,开孔板中贯穿钢筋以传递剪力,并与混凝土共同工作的节点形式。根据开孔板的数量,可以分成单开孔板连接件和双开孔板连接件。这种节点形式应用在日本 Sarutagawa(猿田川)桥和 Tomoegawa(巴川)桥上。

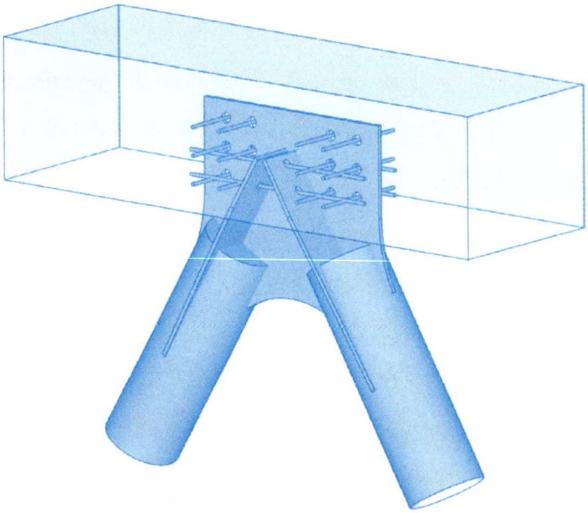

图 4-8　单开孔板连接件

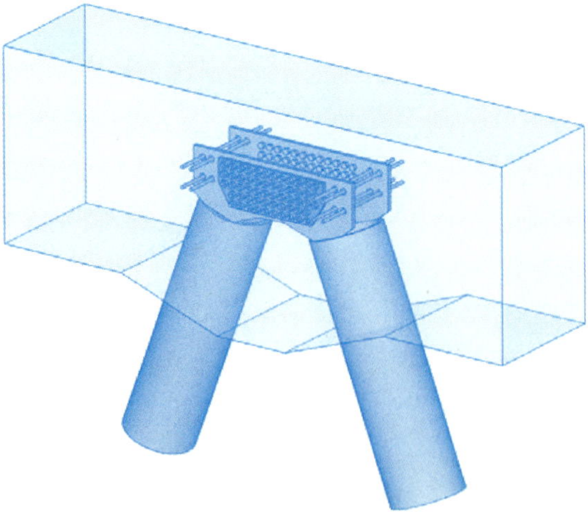

图 4-9　双开孔板连接件

(5) 钢箱连接件型节点构造如图 4－10 所示，是指两个钢腹杆在混凝土弦杆内部通过钢箱连接在一起，并与混凝土共同工作的节点形式。这种节点形式应用在日本 Kinokawa(木曾川)桥上。

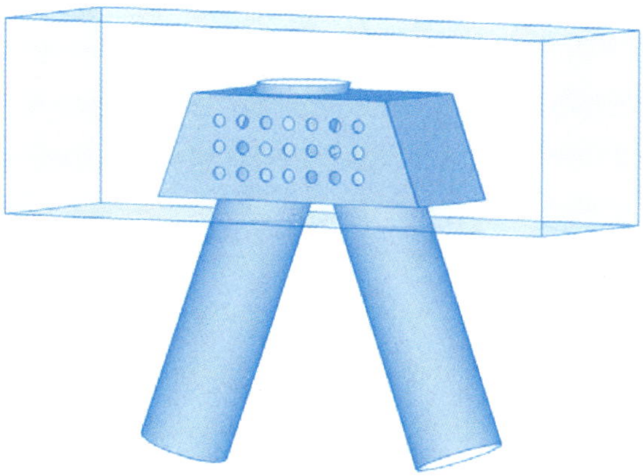

图 4－10　钢箱连接件

3. 钢弦杆式节点

是指在混凝土弦杆内设置钢弦杆，钢腹杆和钢弦杆通过钢节点板连接在一起，节点板上设置焊钉连接件以保证与混凝土连接，共同受力的节点形式。这种节点形式应用在瑞士 Dreirosen 桥和上海闵浦大桥上，节点构造如图 4－11 所示。

4.2.2　复合桁架节点构造形式的研发

复合桁架节点的设计一般遵循以下三个原则：(1) 节点构造不允许先于其他构件破坏；(2) 在极限荷载作用下节点钢板和节点加强钢筋的应力在屈服应力之下；(3) 在设计荷载作用下节点周围的混凝土不产生裂缝。复合桁架桥的设计重点之一是复合桁架节点的构造形式的选取。节点设计是否合理，能否保证荷载的顺利传递是设计所要考虑的一个关键问题。设计出一个构造简单、施工方便、受力合理、传力可靠的节点是设计工作者

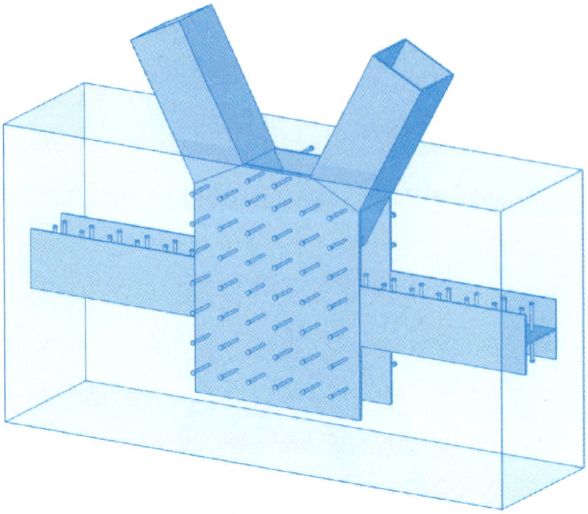

图 4-11　钢弦杆连接件

所追求的目标。

作者根据复合桁架节点的受力和构造特点，针对钢弦杆式节点，研发了两种新型的节点构造形式——节点板开孔式节点和开孔板式节点，再加上已有的焊钉式节点，可以把钢弦杆式节点根据连接件的不同，分成三种节点形式。节点分类如图 4-12 所示。

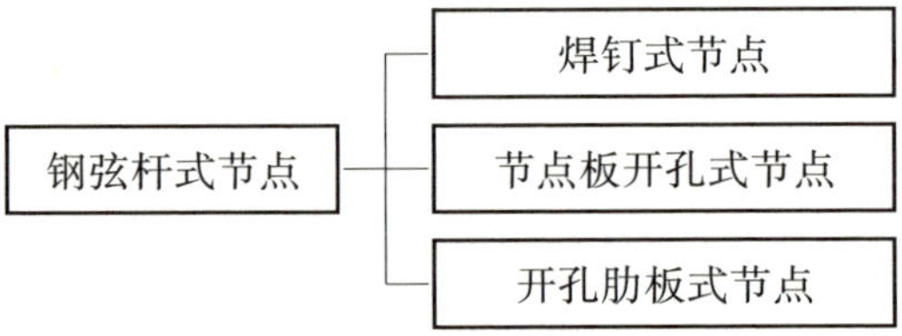

图 4-12　钢弦杆式节点分类

新研发的节点详细构造如图 4-13 所示。复合桁架桥梁节点主要是由钢腹杆、钢弦杆、混凝土弦杆、节点板和剪力连接件组成。

焊钉式节点，是在节点板上布置焊钉，把焊钉作为剪力连接件，通过焊钉在钢结构和混凝土之间传递剪力的节点形式。

节点板开孔式节点，是在节点板上开设圆孔，并在开孔中贯穿钢筋，通过贯穿钢筋和开孔中的混凝土传递剪力的节点形式。根据前面的研究成果，在钢弦杆式节点中，节点板本身受力不大，开孔对节点板产生的削弱有

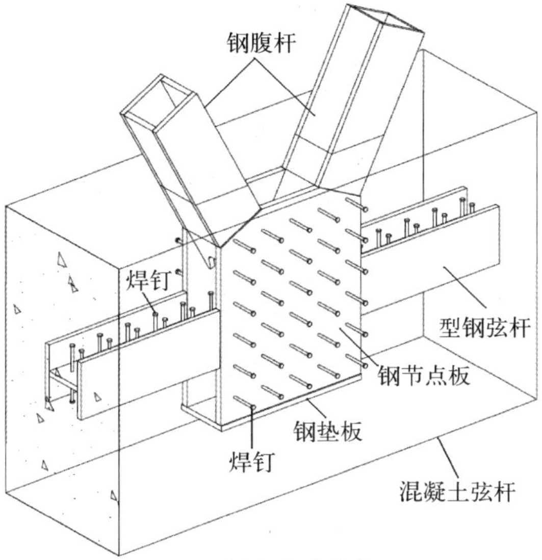

(a) 焊钉式节点

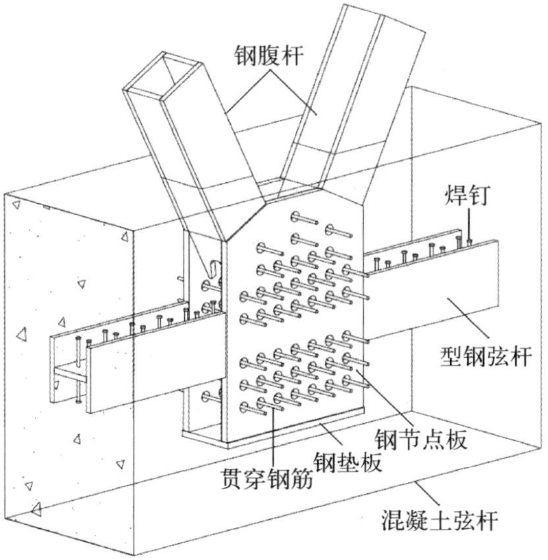

(b) 节点板开孔式节点

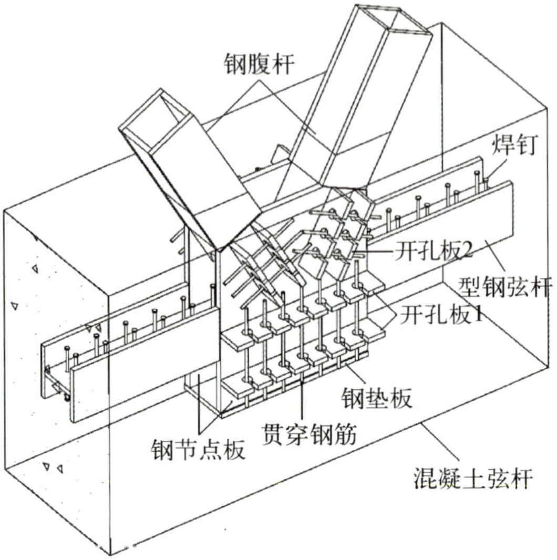

(c) 开孔肋板式节点

图 4-13　复合桁架节点构造形式

限。在节点板上开孔，使得节点板成为开孔板，节点板本身就可以作为连接件传递剪力。该种节点构造简单，受力合理，施工方便。

开孔肋板式节点，是在节点板上，沿杆件主要传力方向焊接开孔板，在开孔中可以贯穿钢筋，也可以不贯穿钢筋，以开孔板作为剪力连接件，在钢与混凝土之间传递剪力的节点形式。该节点具有传力明确的特点。

其中，焊钉式节点在瑞士 Dreirosen 桥和上海闵浦大桥上有所应用，节点板开孔式节点和开孔肋板式节点属于作者最新开发的复合节点形式，尚无工程应用的实例，具有独立的创新性。如果通过分析和试验，验证其确实具有合理性与实用性，并在实际桥梁中得以应用，那将是很值得推广的节点形式。

4.3　复合桁架节点疲劳性能试验方案

4.3.1　试验目的

目前，复合桁架桥梁的建设发展正处于起步阶段，已建成的桥梁不多，相关的研究较少，尤其是复合桁架节点的疲劳性能、耐久性能尚不完全清楚，急需对相关的性能作出研究，为复合桁架节点和复合桁架桥梁的应用、推广和发展提供有力的支持。

为了研究复合桁架节点的耐疲劳性能，以便对节点进行进一步合理化设计，设计了节点疲劳试验。通过试验得到在疲劳荷载的作用下，节点模型的应变、位移、加载次数和裂缝开裂等结果，从而进行节点疲劳性能的初步探讨。

4.3.2　模型试件设计与制作

以焊钉式节点、节点板开孔式节点和开孔板式节点这三种钢弦杆式节点为研究对象，制作 1∶4 节点试验模型，进行节点疲劳试验研究。三种节点的构造及几何尺寸如图 4－14～图 4－16 所示。

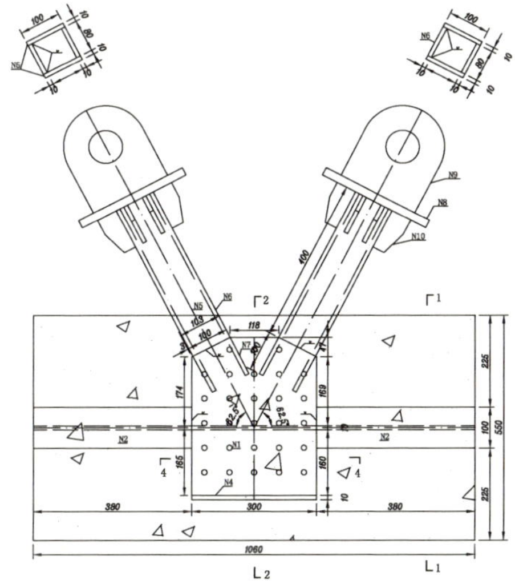

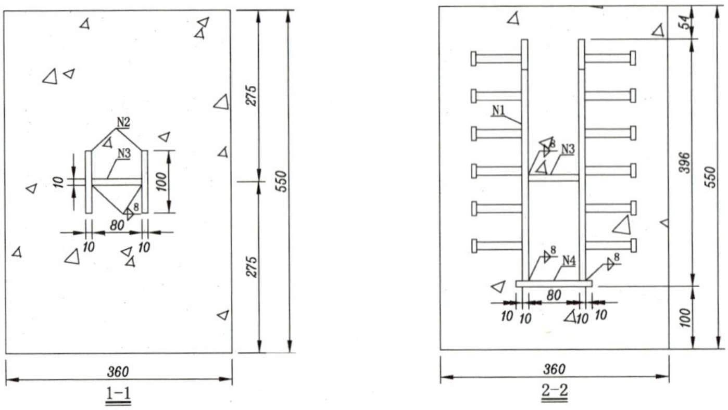

图 4－14　焊钉式节点构造(单位：mm)

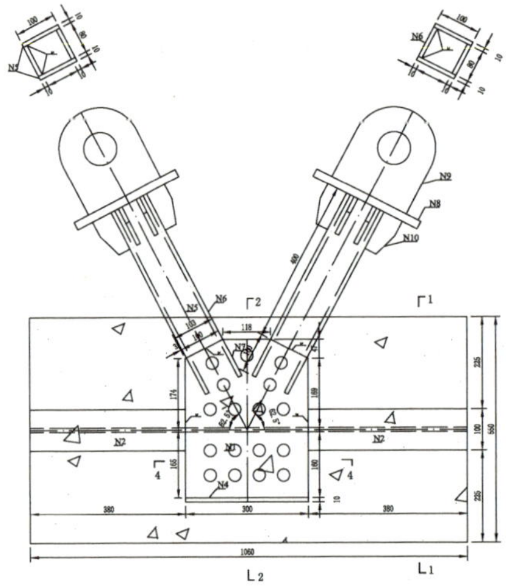

图 4－15　节点板开孔式节点构造(单位：mm)

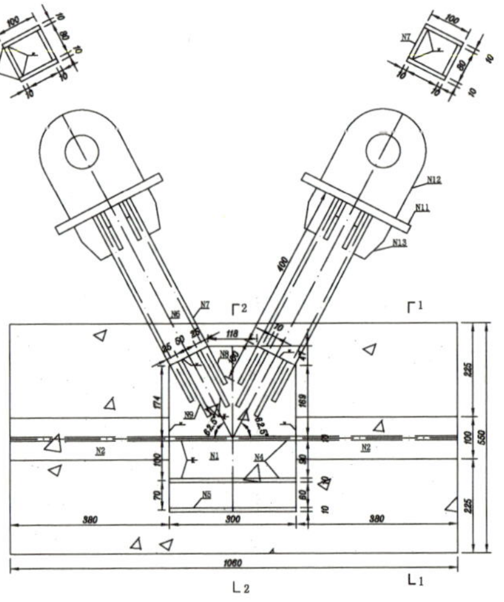

图 4－16　开孔肋板式节点构造(单位：mm)

材料采用 A709－50 钢材，C50 混凝土，直径为 13 mm、长度为 80 mm 的焊钉，各种材料的属性见表 4－1～表 4－3。

表 4－1　A709－50 钢材材料属性

屈服强度 f_y/MPa	抗拉强度 f_u/MPa	伸长率/%	f_y/f_u
435	555	22.0	0.78

表 4 - 2　混凝土材料属性

名义强度/MPa	抗压强度/MPa	抗拉强度/MPa	弹性模量/GPa
50	50.5	3.19	34.5

表 4 - 3　焊钉材料属性

规格/(mm×mm)	屈服强度 f_y/MPa	抗压强度 f_u/MPa	伸长率/%
13×80	380	475	18.0

节点试验模型如图 4 - 17 所示。

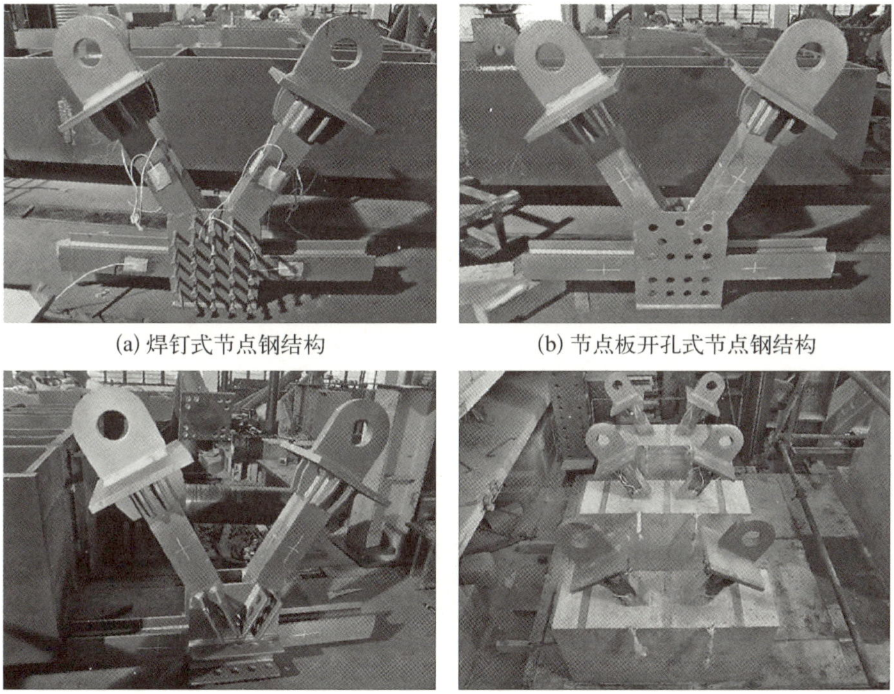

(a) 焊钉式节点钢结构　(b) 节点板开孔式节点钢结构

(c) 开孔肋板式节点钢结构　(d) 模型制作完成

图 4 - 17　节点试验模型

4.3.3　试验加载及测试

试件竖向放置，腹杆用铰固定在反力架上，腹杆只受到轴向力作用，使用量程为 500 kN 的千斤顶对试件施加竖向压力疲劳荷载，试验加载如图 4－18 所示。

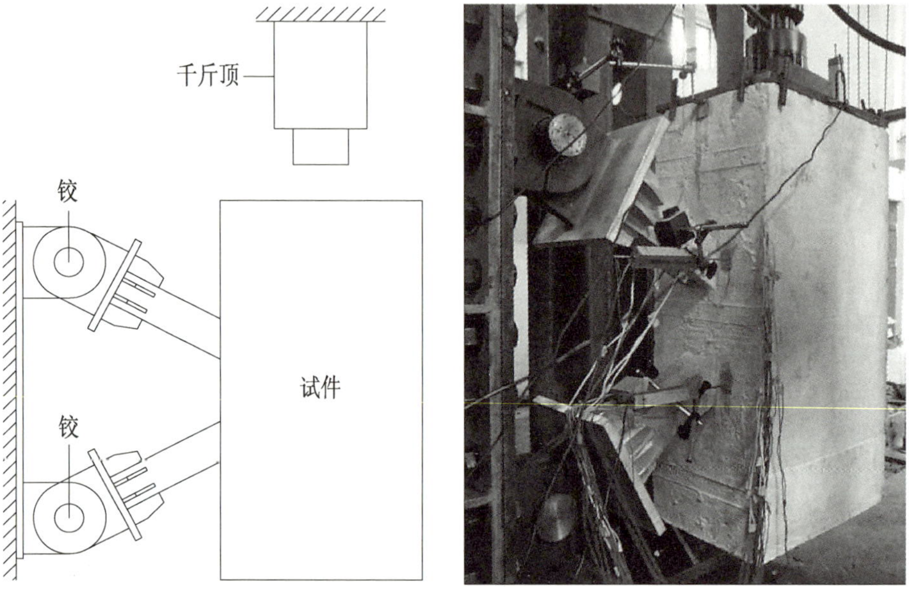

(a) 加载示意图　　(b) 加载试验照片

图 4－18　加载试验装置

（1）疲劳试验最大荷载为 180 kN，最小荷载为 30 kN，荷载幅为 150 kN。加载频率为 3 Hz。

（2）采用 200 万次加载。随时观测试件的受力和变形情况，观察有无裂缝发生以及裂缝的发展情况，并做好记录。

（3）加载到 0 万次、1 万次、5 万次、10 万次、20 万次、50 万次、100 万次、150 万次、200 万次，停机进行静力加载。加载吨位为 450 kN，分 9 级加载，每级增加 50 kN，每级持荷 5 分钟后测量应变和位移。

试验测试内容及方法为：

（1）模型重要截面的钢结构应变和钢筋应变；对于钢结构表面和钢筋应变，测试采用电阻应变片法进行全过程动态测试。

(2) 弦杆位移,钢与混凝土相对位移;通过位移传感器全过程进行动态测试。测量精度为 1/100 mm。

(3) 观察是否出现裂缝,如有裂缝,记录其发展和分布情况。采用数字显微镜测读裂纹宽度,重点检查钢与混凝土交接处和节点板附近混凝土的裂缝,并绘制裂缝分布图。

测试仪器布置如图 4-19 所示,位移传感器 4 个,每根腹杆 1 个,弦杆上端 2 个。钢结构和钢筋上布置应变片 22 个。

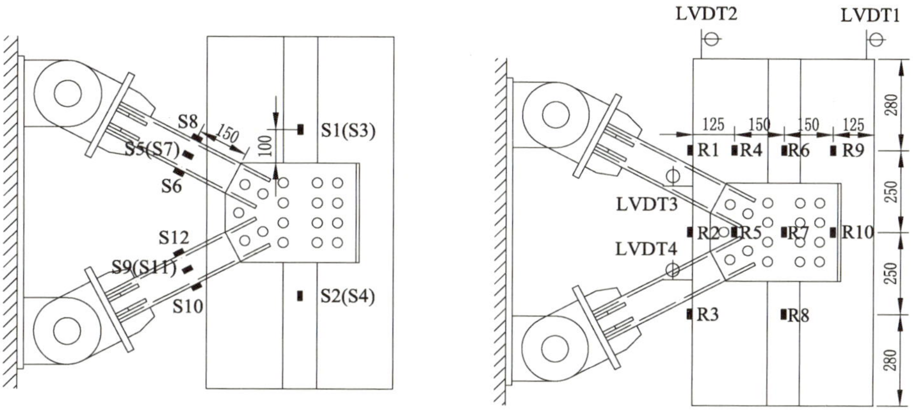

(a) 钢结构表面应变片　　(b) 钢筋表面应变片

图 4-19　应变片布置图(单位: mm)

4.4　复合桁架节点疲劳性能试验结果及分析

4.4.1　焊钉式节点试验结果及分析

4.4.1.1　位移荷载曲线

在疲劳试验过程中,加载到 0 万次、1 万次、32 万次、58 万次、100 万次、156 万次和 200 万次后,分别停止疲劳加载,进行静力加载,静力加载最大吨位为 450 kN，节点的竖向位移-荷载曲线如图 4-20 所示。从图中可以看出，除了第 0 万次以外，随着疲劳加载次数的增加，在相同荷载作用下，节点竖向位移逐渐增大，即位移荷载曲线的斜率逐渐减小。位移荷载曲线的斜率可以用来表示节点的刚度，该斜率逐渐减小，说明节点的刚度随着疲劳荷载加载次数的增加而逐渐减小。

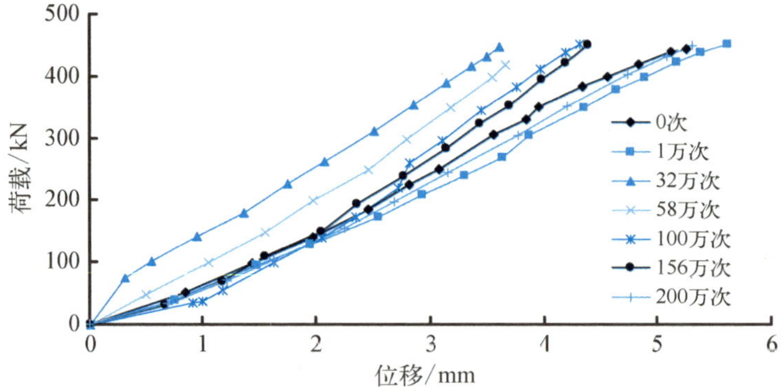

图 4-20　位移-荷载曲线

4.4.1.2　加载次数位移曲线

节点加载次数-位移曲线如图 4-21 所示。从图中可以看出，0 万次时位移量较大，在加载到 32 万次时，节点竖向位移显著降低，之后，随着加载次数的增加，节点竖向位移逐渐缓慢增大。

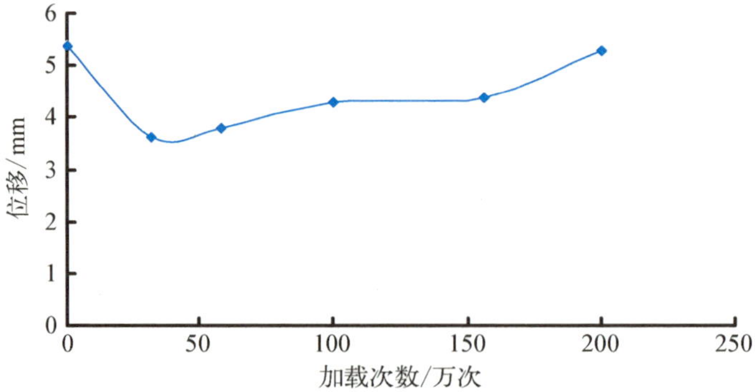

图 4-21　加载次数-位移曲线

在 0 万次时位移较大，一方面是由于结构在初始状态时，在连接上具有一些空隙，受力后这些空隙受到压缩，产生一些位移。另一方面，钢与混凝土表面存在摩擦力，在开始受到外力时，这一部分摩擦力无法完全抵抗外力，受到破坏，从而产生永久性相对滑移，进而由连接件传递荷载。在后续的加载过程中，不存在这一部分相对滑移，因而竖向位移比初始状态下的位移要小。

之后，随着疲劳荷载次数的增加，节点的刚度逐渐降低，因此在荷载作用下，节点竖向位移逐渐增大。从图 4－21 中可以计算出，节点的刚度在 200 万次时比 32 万次时减小了约 30％。

4.4.1.3　荷载应变曲线

疲劳荷载每加载到一定次数停机，施加静载，测试构件应变。钢筋、钢结构表面上的测点荷载-应变曲线如图 4－22 所示。从图中可以看出，在钢结构中荷载应变曲线近似按照直线分布，且在不同加载次数后，曲线的斜率没有随着加载次数的增加而有明显的有规律的变化。说明钢结构处于弹性状态，且钢结构本身的刚度没有发生明显的减小。在钢筋中荷载应变曲线近似按照直线分布，且在不同加载次数后，曲线的斜率没有随着加载次数的增加而逐渐增大的趋势。说明混凝土性能受加载次数的影响较大，随疲劳加载次数的增加，混凝土刚度逐渐减小。

4.4.1.4　裂缝开展情况

当疲劳荷载加载到 100 万次时，混凝土与受拉钢腹杆交接面处，开始产生微小裂缝，裂缝发展缓慢。当疲劳荷载加载到 135 万次时，混凝土与受压钢腹杆交接面处，产生微小裂缝，裂缝发展缓慢。当疲劳荷载加载到 200 万次时，压杆附近出现新的裂缝。最后加载到 220 万次，裂缝没有新的发展。裂缝开展情况如图 4－23 所示，左侧为受拉腹杆，右侧为受压腹杆，

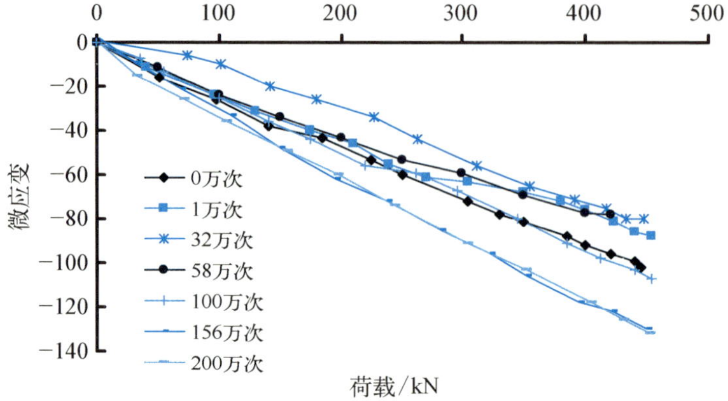

(a) 钢筋上R6应变片

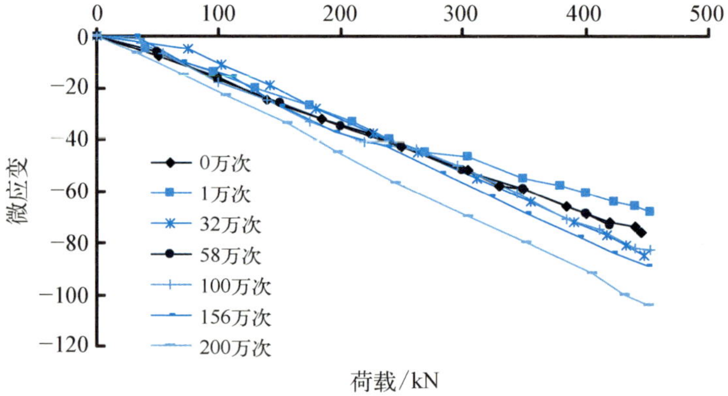

(b) 钢筋上R9应变片

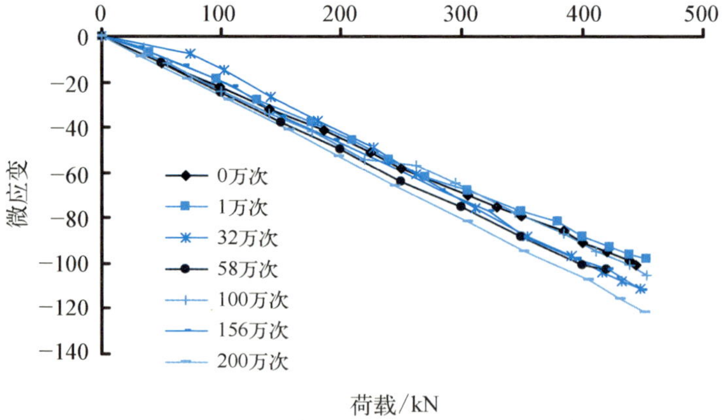

(c) 钢弦杆上S1应变片

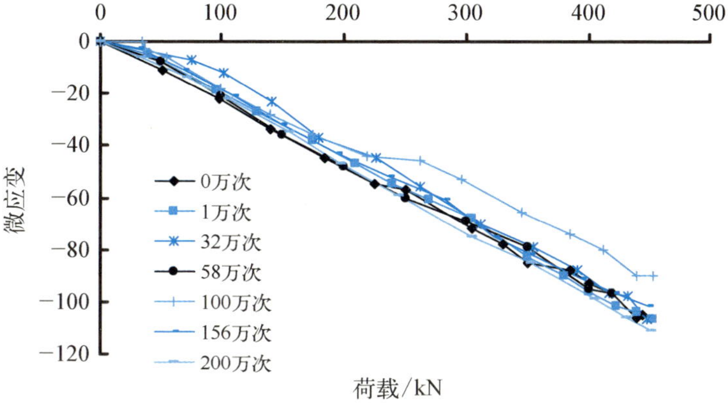

(d) 钢弦杆上S3应变片

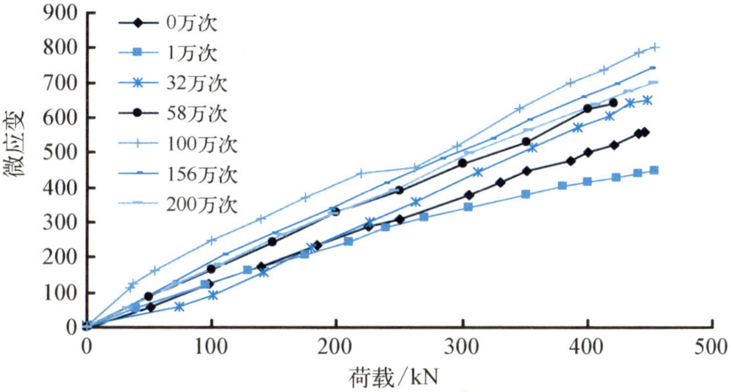

(e) 钢腹杆上S5应变片

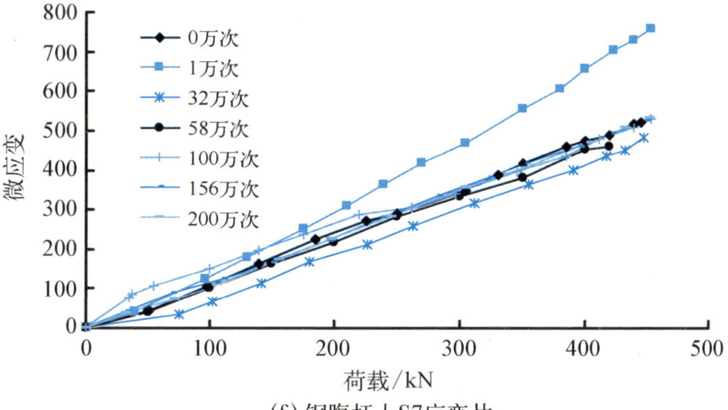

(f) 钢腹杆上S7应变片

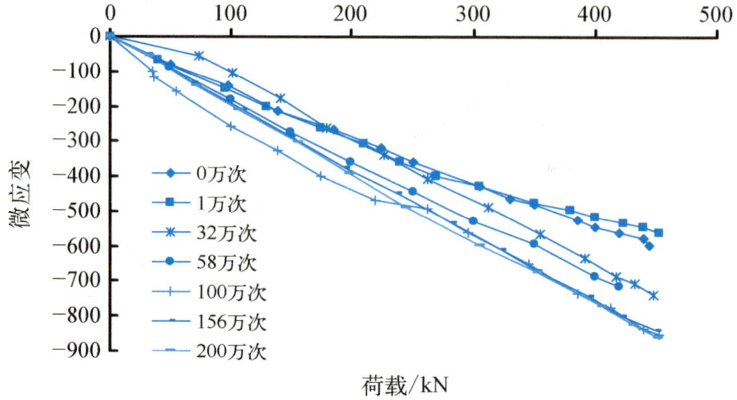

(g) 钢腹杆上S9应变片

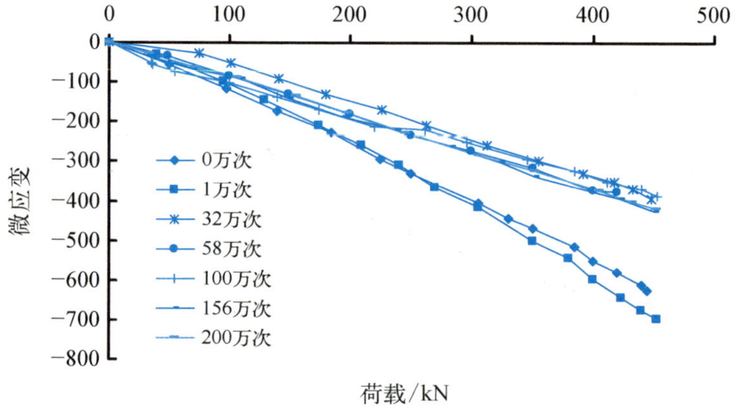

(h) 钢腹杆上S11应变片

图 4-22　荷载-应变曲线

裂缝分别定义为 a，b，c，d，e，f，g，h，i 裂缝。裂缝长度的发展情况如图 4-24 所示。

4.4.1.5　钢与混凝土相对滑移分析

疲劳荷载加载到 0 万次、32 万次、58 万次、100 万次、156 万次和 200 万次后，分别停机进行静力加载，测试钢与混凝土之间的相对滑移，如图 4-25 所示。从图中可以看出，钢与混凝土之间的相对滑移十分微小，相

(a) 100万次

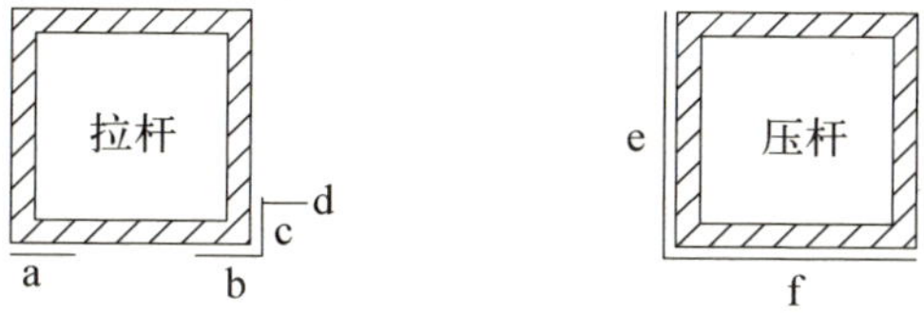

(b) 150万次

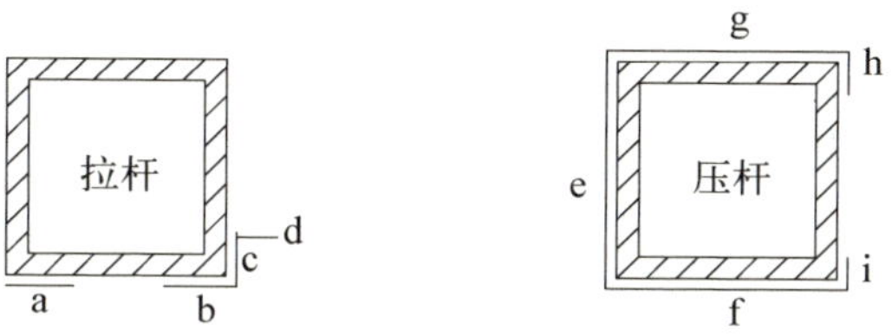

(c) 200万次

图 4－23　裂缝开展情况

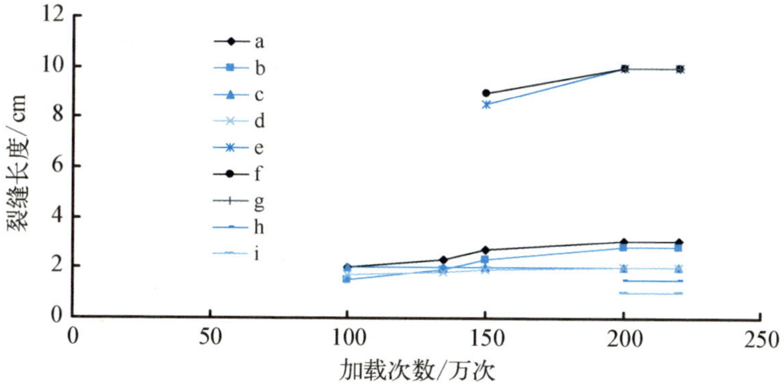

图 4－24　裂缝长度

对滑移随着加载次数的增加有增大的趋势，但是这种变化和趋势并不明显。

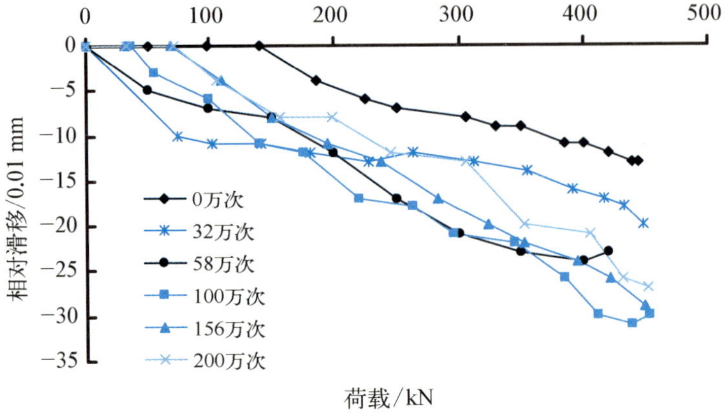

图 4-25　钢与混凝土相对滑移

4.4.2　节点板开孔式节点试验结果及分析

4.4.2.1　位移荷载曲线

在疲劳试验过程中，加载到 0 万次、1 万次、25 万次、50 万次、114 万次、151 万次、215 万次和 251 万次后，分别停止疲劳加载，进行静力加载，静力加载最大吨位为 450 kN，节点的竖向位移-荷载曲线如图 4-26 所示。从图中可以看出，除了第 0 万次以外，随着疲劳加载次数的增加，在相同荷载作用下，节点竖向位移逐渐增大，即位移荷载曲线的斜率逐渐减小。位

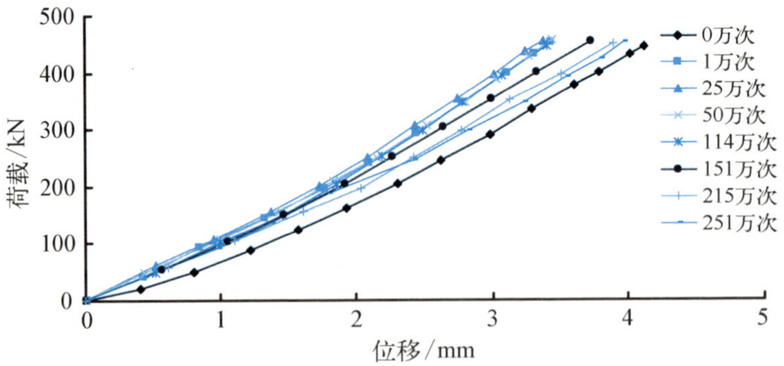

图 4-26　位移-荷载曲线

移荷载曲线的斜率可以用来表示节点的刚度，该斜率逐渐减小，说明节点的刚度随着疲劳荷载加载次数的增加而逐渐减小。

4.4.2.2　加载次数位移曲线

节点加载次数-位移曲线如图 4-27 所示。从图中可以看出，0 万次时位移量较大，在加载到 1 万次时，节点竖向位移显著降低，之后，随着加载次数的增加，节点竖向位移逐渐缓慢增大。

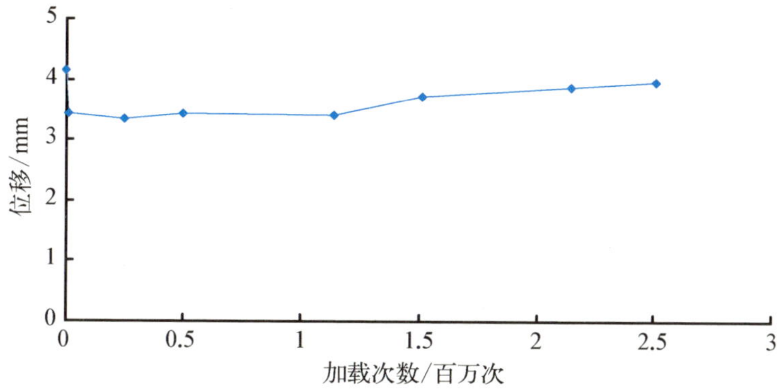

图 4-27　加载次数-位移曲线

在 0 万次时位移较大，一方面是由于结构在初始状态时，在连接上具有一些空隙，受力后这些空隙受到压缩，产生一些位移。另一方面，钢与混凝土表面存在摩擦力，在开始受到外力时，这一部分摩擦力无法完全抵抗外力，受到破坏，从而产生永久性相对滑移，进而由连接件传递荷载。在后续的加载过程中，不存在这一部分相对滑移，因而竖向位移比初始状态下的位移要小。

之后，随着疲劳荷载次数的增加，节点的刚度逐渐降低，因此在荷载作用下，节点竖向位移逐渐增大。从图 4-27 中可以计算出，节点的刚度在 251 万次时比 1 万次时减小了约 14%。

4.4.2.3 荷载应变曲线

疲劳荷载每加载到一定次数停机，施加静载，测试构件应变。钢筋、钢结构表面上的测点荷载-应变曲线如图 4－28 所示。从图中可以看出，在钢

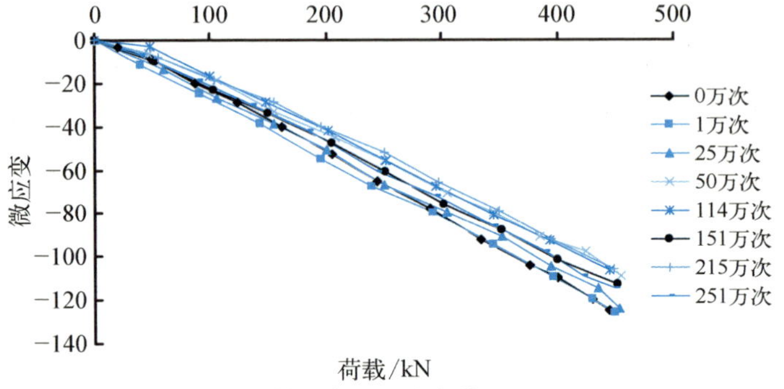

(a) 钢筋上R6应变片

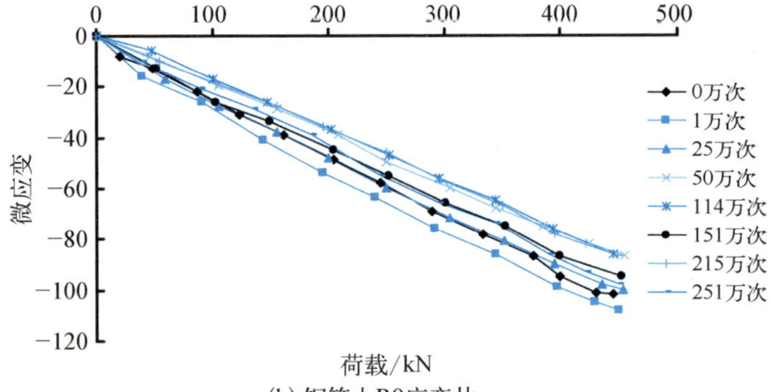

(b) 钢筋上R9应变片

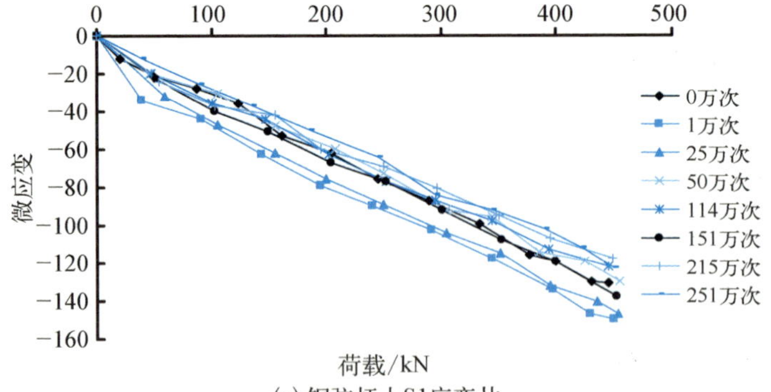

(c) 钢弦杆上S1应变片

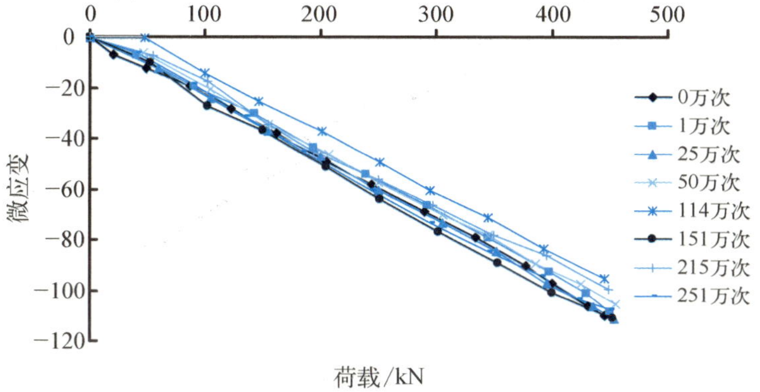

(d) 钢弦杆上S3应变片

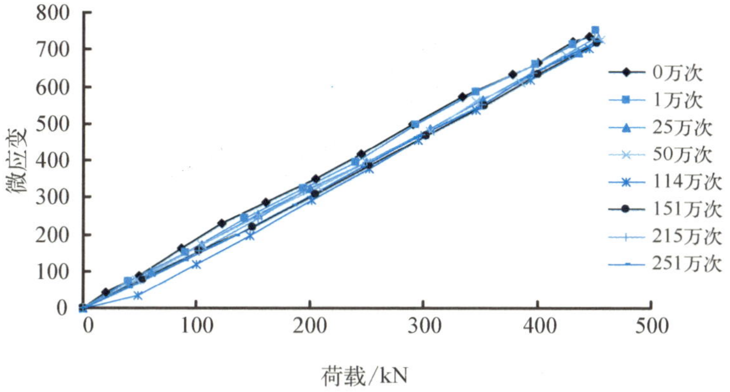

(e) 钢腹杆上S5应变片

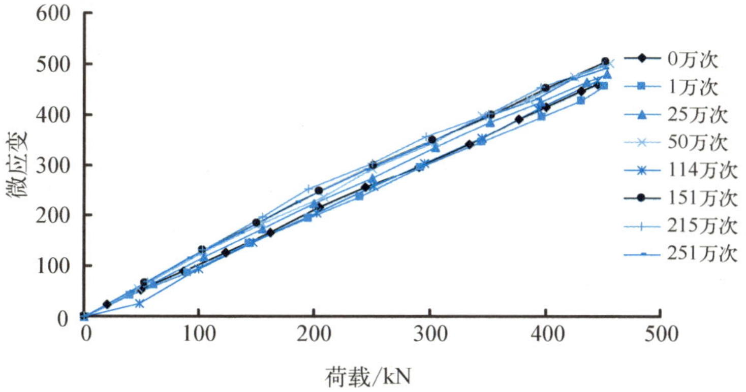

(f) 钢腹杆上S7应变片

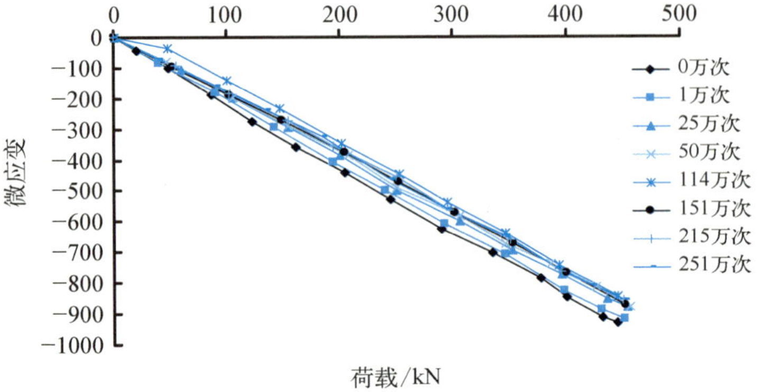

(g) 钢腹杆上S9应变片

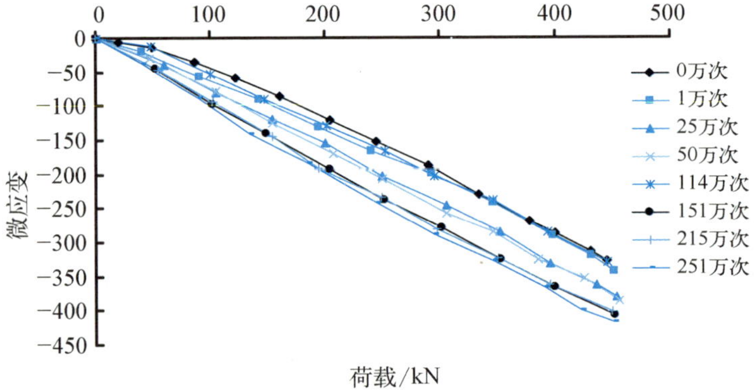

(h) 钢腹杆上S11应变片

图 4-28　荷载-应变曲线

结构中荷载应变曲线近似按照直线分布，且在不同加载次数后，曲线的斜率没有随着加载次数的增加而有明显的有规律的变化。说明钢结构处于弹性状态，且钢结构本身的刚度没有发生明显的减小。在钢筋中荷载应变曲线近似按照直线分布，且在不同加载次数后，曲线的斜率没有随着加载次数的增加而逐渐增大的趋势。说明混凝土性能受加载次数的影响较大，随疲劳加载次数的增加，混凝土刚度逐渐减小。

4.4.2.4　裂缝开展情况

当疲劳荷载加载到 151 万次时，混凝土与钢腹杆交接面处，开始产生微小裂缝，如图 4－29 所示，左侧为受拉腹杆，右侧为受压腹杆，裂缝分别定义为 a，b，c 裂缝。随着加载次数的增加，裂缝长度几乎没有增加。裂缝长度的发展如图 4－30 所示。直到加载到 251 万次时，没有出现新的裂缝。

图 4－29　裂缝发展情况

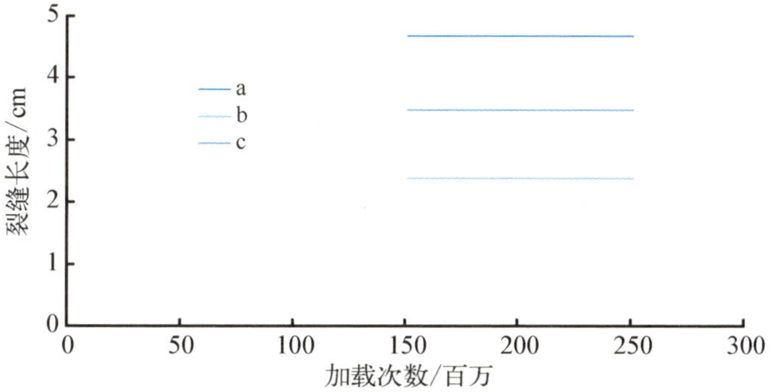

图 4－30　裂缝长度

4.4.2.5　钢与混凝土相对滑移分析

疲劳荷载加载到 0 万次、1 万次、5 万次、25 万次、50 万次、114 万次、151 万次、215 万次和 251 万次后，分别停机进行静力加载，测试钢与混凝土之间的相对滑移，如图 4－31 所示。从图中可以看出，钢与混凝土之间的相对滑移十分微小，相对滑移随着加载次数的增加有增大的趋势，但是这种变化和趋势并不明显。

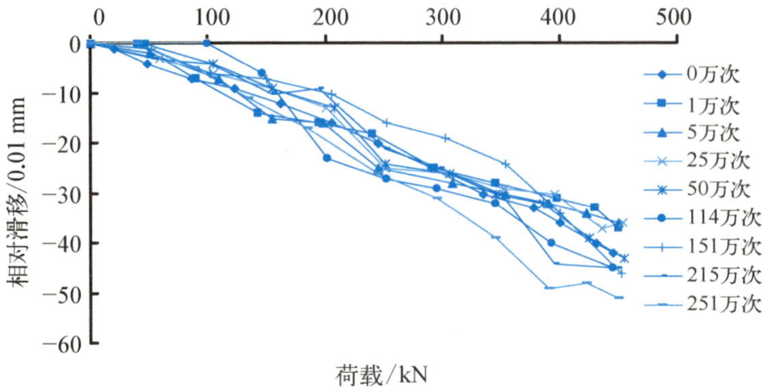

图 4-31　钢与混凝土相对滑移

4.4.3　开孔肋板式节点试验结果及分析

4.4.3.1　位移荷载曲线

在疲劳试验过程中，加载到 0 万次、1 万次、5 万次、60 万次、100 万次、152 万次、208 万次和 237 万次后，分别停止疲劳加载，进行静力加载，静力加载最大吨位为 450 kN，节点的竖向位移-荷载曲线如图 4-32 所示。从图中可以看出，除了第 0 万次以外，随着疲劳加载次数的增加，在相同荷载作用下，节点竖向位移逐渐增大，即位移荷载曲线的斜率逐渐减小。位移荷载曲线的斜率可以用来表示节点的刚度，该斜率逐渐减小，说明节点的

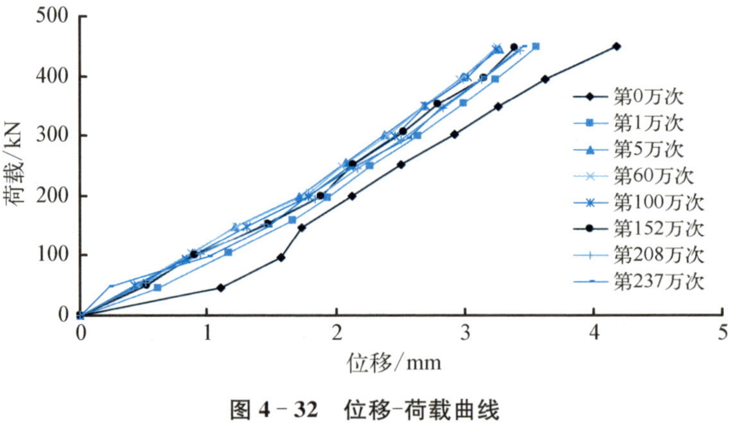

图 4-32　位移-荷载曲线

刚度随着疲劳荷载加载次数的增加而逐渐减小。

4.4.3.2　加载次数位移曲线

节点加载次数-位移曲线如图 4 - 33 所示。从图中可以看出，0 万次时位移量较大，在加载到 1 万次时，节点竖向位移显著降低，之后，随着加载次数的增加，节点竖向位移逐渐缓慢增大。

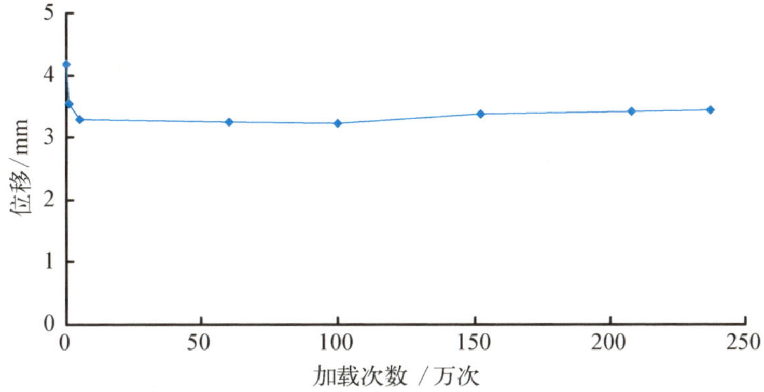

图 4 - 33　加载次数-位移曲线

在 0 万次时位移较大，一方面是由于结构在初始状态时，在连接上具有一些空隙，受力后这些空隙受到压缩，产生一些位移。另一方面，钢与混凝土表面存在摩擦力，在开始受到外力时，这一部分摩擦力无法完全抵抗外力，受到破坏，从而产生永久性相对滑移，进而由连接件传递荷载。在后续的加载过程中，不存在这一部分相对滑移，因而竖向位移比初始状态下的位移要小。

之后，随着疲劳荷载次数的增加，节点的刚度逐渐降低，因此在荷载作用下，节点竖向位移逐渐增大。从图 4 - 33 中可以计算出，节点的刚度在 237 万次时比 5 万次时减小了约 4%。

4.4.3.3　荷载应变曲线

疲劳荷载每加载到一定次数停机，施加静载，测试构件应变。钢筋、钢结构表面上的测点荷载-应变曲线如图 4-34 所示。从图中可以看出，在钢结构中荷载应变曲线近似按照直线分布，且在不同加载次数后，曲线的斜率没有随着加载次数的增加而有明显的有规律的变化。说明钢结构处于弹性状态，且钢结构本身的刚度没有发生明显的减小。在钢筋中荷载应变曲线近似按照直线分布，且在不同加载次数后，曲线的斜率没有随着加载次数的增加而逐渐增大的趋势。说明混凝土性能受加载次数的影响较大，随疲劳加载次数的增加，混凝土刚度逐渐减小。

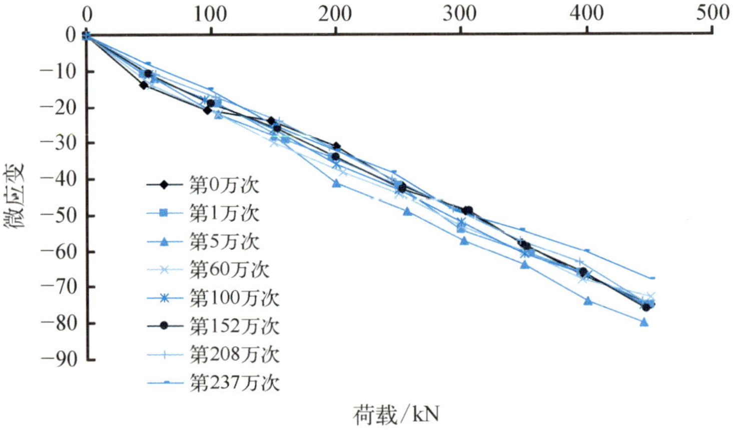

(a) 钢筋上R6应变片

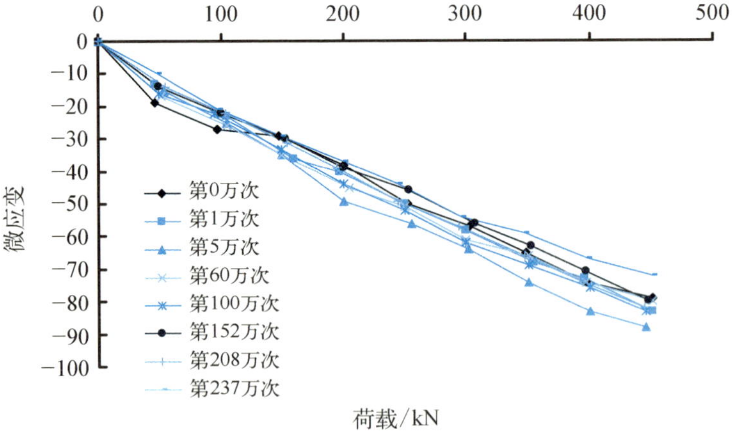

(b) 钢筋上R9应变片

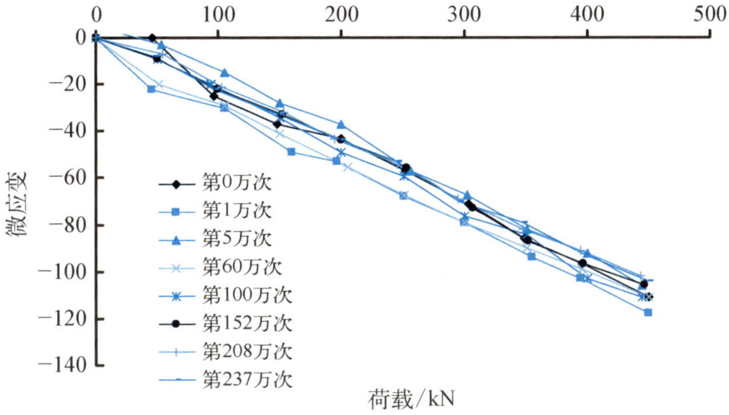

(c) 钢弦杆上S1应变片

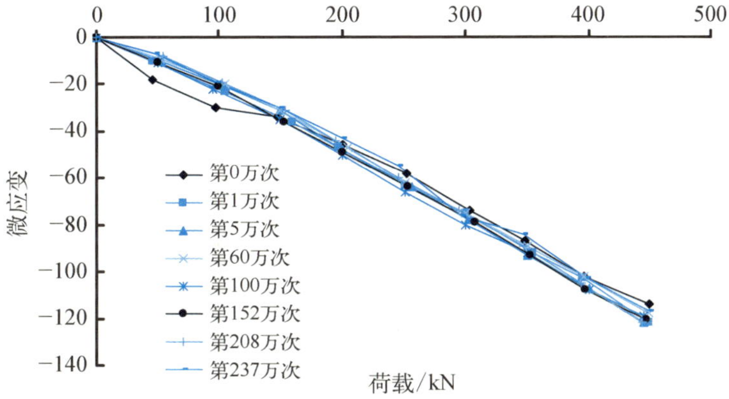

(d) 钢弦杆上S3应变片

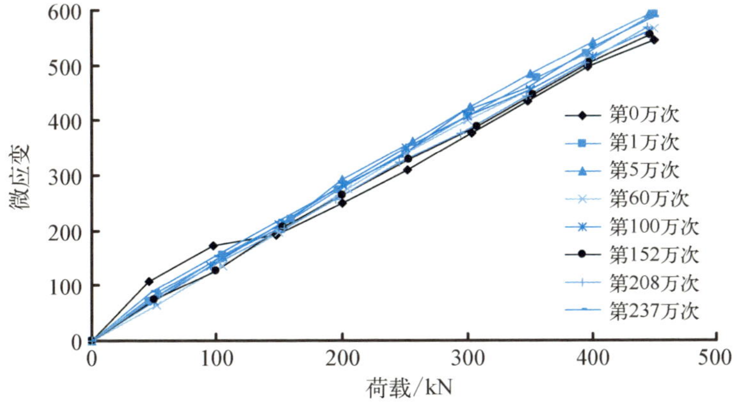

(e) 钢腹杆上S5应变片

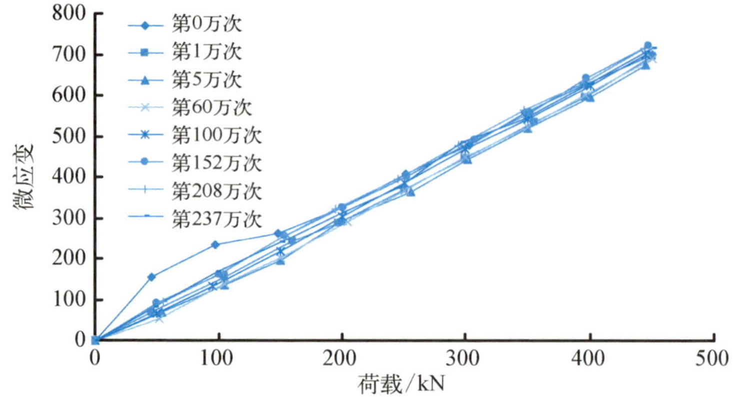

(f) 钢腹杆上S7应变片

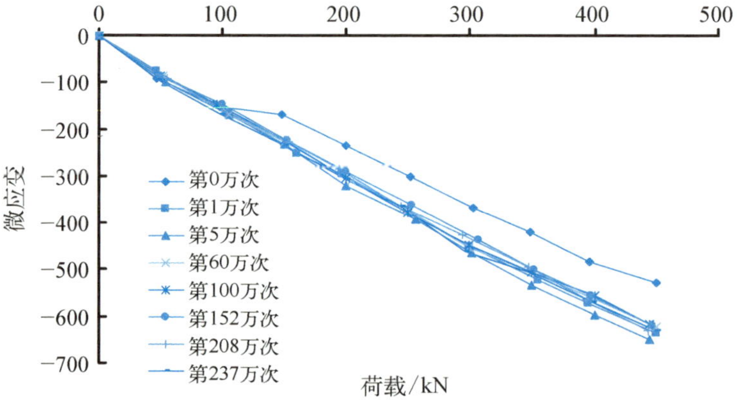

(g) 钢腹杆上S9应变片

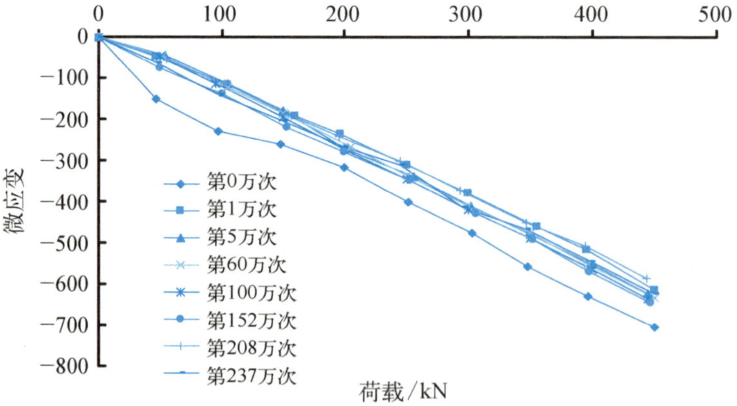

(h) 钢腹杆上S11应变片

图 4-34　荷载-应变曲线

4.4.3.4　裂缝开展情况

当疲劳荷载加载到 128 万次时，混凝土与受拉钢腹杆交接面处，开始产生微小裂缝，裂缝发展缓慢。当疲劳荷载加载到 208 万次时，混凝土与受压钢腹杆交接面处，产生微小裂缝，裂缝发展缓慢。加载到 237 万次时，没有出现新的裂缝。裂缝发展情况如图 4－35 所示，左侧为受拉腹杆，右侧为受压腹杆，裂缝分别定义为 a，b，c 裂缝。裂缝长度的发展如图 4－36 所示。

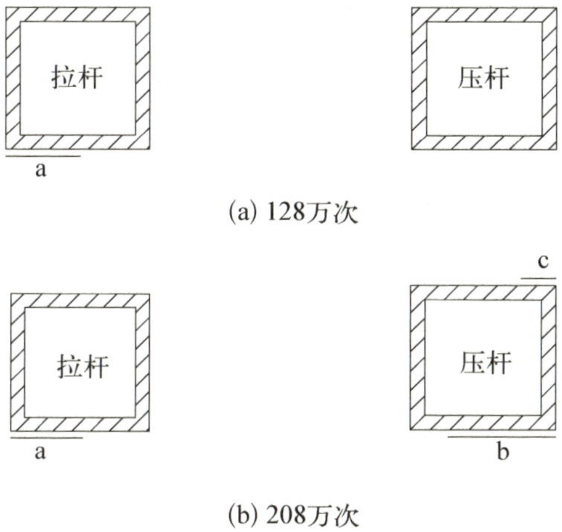

图 4－35　裂缝发展情况

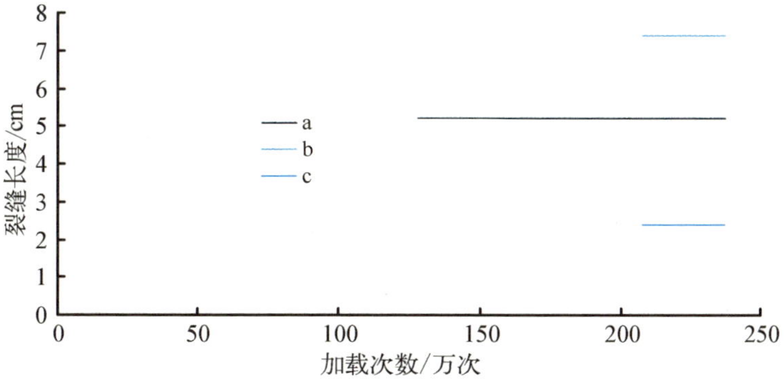

图 4－36　裂缝长度

4.4.3.5 钢与混凝土相对滑移分析

疲劳荷载加载到 0 万次、1 万次、5 万次、60 万次、100 万次、152 万次、208 万次和 237 万次后，分别停机进行静力加载，测试钢与混凝土之间的相对滑移，如图 4－37 所示。从图中可以看出，钢与混凝土之间的相对滑移十分微小，相对滑移随着加载次数的增加有增大的趋势，但是这种变化和趋势并不明显。

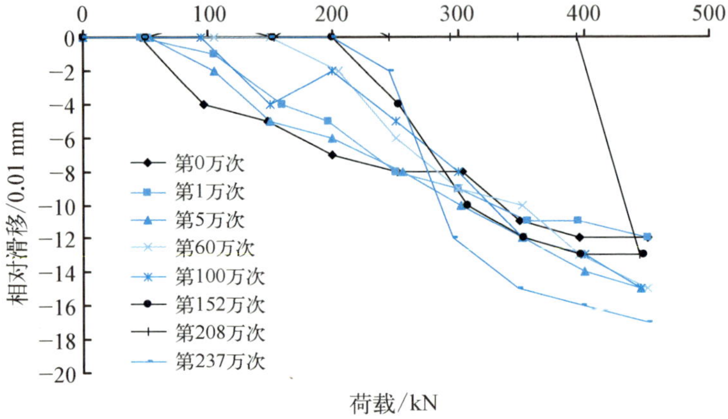

图 4－37 钢与混凝土相对滑移

4.4.4 节点疲劳试验结果比较分析

本节把三种不同节点的疲劳试验做对比分析，考察不同节点之间疲劳性能的异同。

4.4.4.1 竖向位移比较分析

在竖向静载作用下，焊钉式节点竖向位移最大，且随疲劳次数的增加，竖向位移增加的也最大；开孔肋板式节点竖向位移最小，且随疲劳次数的增加，竖向位移增加的也最小，如图 4－38 所示。说明焊钉式节点刚度最小，疲劳荷载作用下节点刚度损失最大；开孔肋板式节点刚度最大，疲劳荷载作用下节点刚度损失最小。

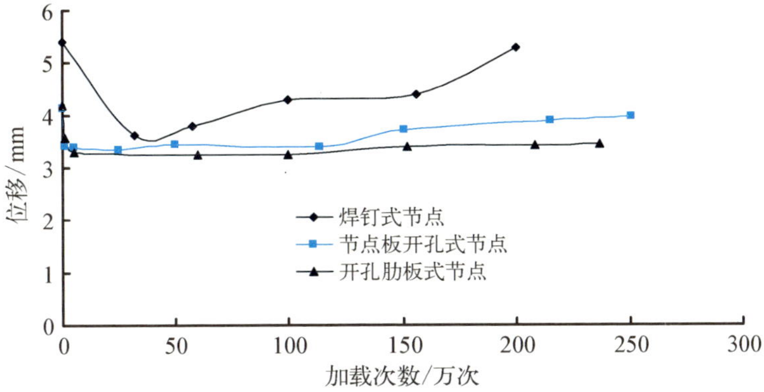

图 4－38　竖向位移比较

4.4.4.2　荷载应变曲线比较分析

三种节点疲劳试验荷载应变曲线的变化规律基本一致。

在钢结构中荷载应变曲线近似按照直线分布，且在不同加载次数后，曲线的斜率没有随着加载次数的增加而有明显的变化。说明钢结构本身的刚度没有发生明显的减小。

在焊钉式节点中，钢筋的荷载应变曲线近似按照直线变化，且在不同加载次数后，曲线的斜率有随着加载次数的增加而逐渐增大的趋势。说明混凝土性能受加载次数的影响较大，随疲劳加载次数的增加，混凝土刚度逐渐减小。在节点板开孔式节点和开孔肋板式节点中，钢筋的荷载应变曲线近似按照直线变化，且在不同加载次数后，曲线的斜率没有随着加载次数的增加而有明显的变化。

4.4.4.3　裂缝发展情况比较分析

从表 4－4 可以看出，焊钉式节点裂缝出现较早，且裂缝数量较多，裂缝长度较大。节点板开孔式节点和开孔肋板式节点相对来说裂缝出现较晚，且裂缝数量较少。节点板开孔式节点裂缝长度最短。说明节点板开孔式节点和开孔肋板式节点的抗裂性要优于焊钉式节点。

表 4-4　裂缝发展情况比较

	拉杆出现裂缝时加载次数/万次	压杆出现裂缝时加载次数/万次	裂缝数量/条	裂缝最大长度/cm
焊钉式节点	100	135	9	10
节点板开孔式节点	151	151	3	4.7
开孔肋板式节点	128	208	3	7.4

4.4.4.4　钢与混凝土相对滑移比较分析

在这三种方案中，钢与混凝土相对滑移规律一致。钢与混凝土之间的相对滑移十分微小，相对滑移随着加载次数的增加有增大的趋势。

4.5　本章小结

本章介绍了目前已建成的复合桁架桥梁的节点形式及其构造特点，根据复合桁架节点的受力特点和传力机理，设计了两种新型的节点构造形式。针对复合桁架的特点，设计了节点疲劳试验。通过节点疲劳试验，可以得到如下结论：

(1) 随着加载次数的增加，节点竖向位移荷载曲线的斜率逐渐减小，同时在相同荷载作用下，节点竖向位移增大，表明节点刚度随疲劳荷载次数的增加而逐渐减小。

(2) 钢与混凝土交接面处，出现微小的裂缝，裂缝发展十分缓慢。此种裂缝为钢与混凝土产生相对滑移导致，仅为表面裂缝，非结构性损伤，未对结构受力性能产生影响。

(3) 钢与混凝土之间的相对滑移十分微小，相对滑移随着加载次数的增加有增大的趋势。

(4) 疲劳荷载最终加载完毕,产生的裂缝数量少,宽度小,发展慢,刚度损伤小,结构承载能力未明显降低,该节点构造具有良好的耐疲劳性。

(5) 综合对比分析三种方案,节点板开孔式节点具有刚度损失小,裂缝数量少,结构构造相对简单,施工方便等优点。

第5章 多钉剪力连接件静力性能试验研究

5.1 概　　述

在复合桁架节点处，作用力在两种不同材料之间传递，如何能够保证传力的有效性、可靠性是一项十分重要的课题。焊钉连接件是一种最常用的剪力连接件，具有传力明确、各向同性的优点，因而得到了广泛的应用。在本书研究的复合桁架节点中，也是以焊钉作为剪力连接件，通过焊钉在钢与混凝土之间传递剪力，使得钢与混凝土紧密相连，达到共同作用的目的。

各国规范中都针对单钉剪力连接件进行了研究与规定，用于指导设计。但是在实际工程中，例如本书研究的复合桁架节点中，往往存在焊钉布置密集、焊钉间距小，形成焊钉之间的作用相互影响的情况，导致多钉与单钉的受力情况并不完全相同，不宜简单地照搬规范进行设计。因而专门针对多钉剪力连接件的受力性能进行研究，考察多钉剪力连接件与单钉剪力连接件在受力性能上的异同，是十分必要的。

本书采用推出试验的方法，分别针对多钉与单钉不同的情况，进行比较分析研究，并对焊钉传力机理进行探讨。分析了焊钉间距对焊钉的刚度、极限抗剪强度、极限滑移和破坏模式的影响，提出了适用于单钉和多钉的剪力连接件的荷载-滑移关系表达式，并把试验结果与现行规范进行了比较分析。

5.2　多钉剪力连接件静力性能试验

5.2.1　试验内容及目的

根据不同焊钉间距的试件的推出试验，比较分析单钉与多钉剪力连接件的受力性能的异同，焊钉间距对焊钉连接件刚度、极限剪切强度、极限滑移和破坏模式的影响，焊钉极限承载力和最大滑移量的区别，提出适用于单钉与多钉剪力连接件的荷载-滑移曲线公式，把试验结果与现行各国规范进行比较分析，考察各国规范对单钉和多钉剪力连接件的适用情况。

5.2.2　模型试件设计与制作

推出试验的设计如图 5－1 所示，一共制作了 10 个试件，分为 5 组不同的试件，每组各两个试件。其中，一组试件为单钉试件，其余四组为多钉试件。为了考察焊钉间距对力学性能的影响，多钉试件焊钉间距分别取为 100 mm，150 mm，200 mm 和 250 mm，并且分别编号为 MD－1－1(2)，MD－2－1(2)，MD－3－1(2)，MD－4－1(2)。单钉试件编号为 SD－1－1(2)。

试验试件在浇筑时，让焊钉保持直立状态。在钢板与混凝土交接面的表面涂抹黄油，以消除钢与混凝土之间的摩擦力。在浇筑混凝土的同时，制作混凝土试块，用以测试混凝土的性能，试块与试件放在一起同步养生。

推出试验的混凝土采用桥梁结构中最常用的 C50 混凝土，混凝土材料属性见表 5－1。混凝土中布置直径为 16 mm 的钢筋，钢筋材料属性见表

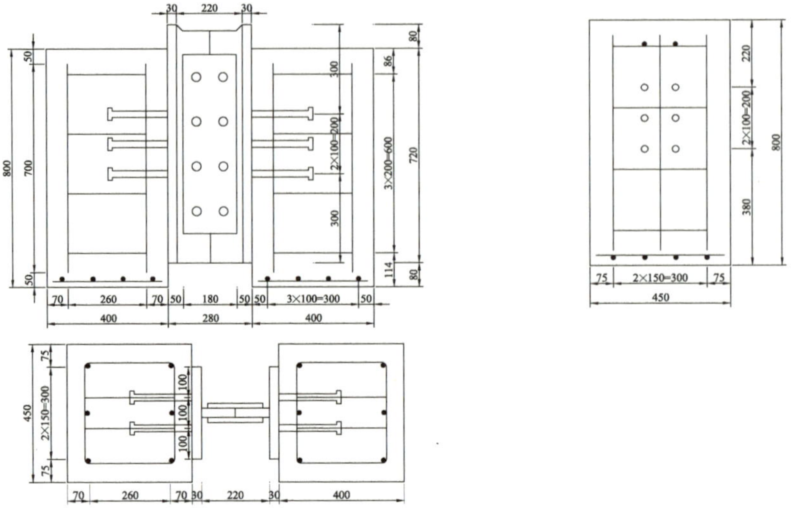

(a) 焊钉间距:100 mm

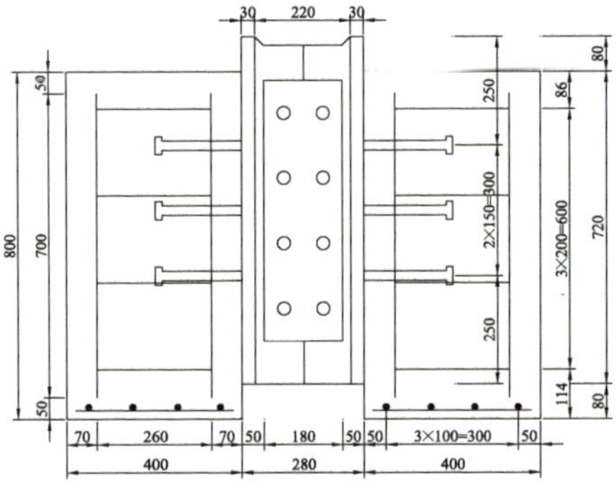

(b) 焊钉间距:150 mm

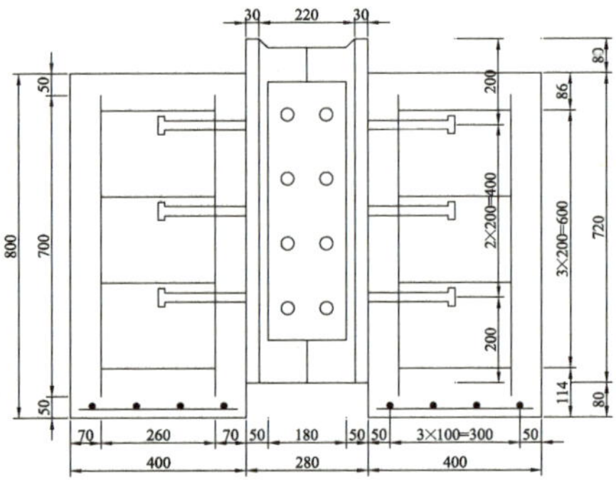

(c) 焊钉间距:200 mm

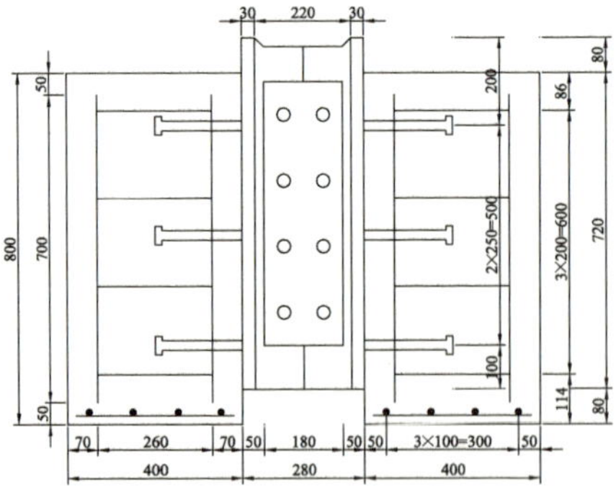

(d) 焊钉间距:250 mm

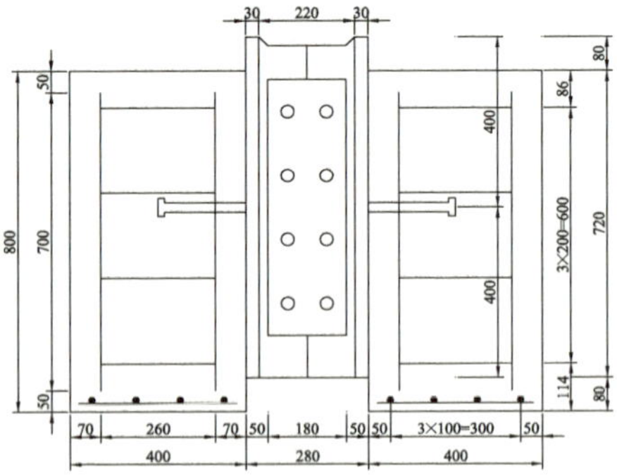

(e) 单钉

图 5-1　试验试件(单位: mm)

5－2。焊钉采用桥梁结构中常用到的 Φ22×200(mm×mm)的焊钉，焊钉材料属性见表 5－3。

表 5－1　混凝土材料属性

名义应力/MPa	抗压强度 f_{cu}/MPa	屈服强度 f_u/MPa	弹性模量/GPa
50	55.7	37.2	34.5

表 5－2　钢筋材料属性

直径/mm	屈服强度/MPa	极限强度/MPa	弹性模量/GPa	伸长率/%
16	362	542	198	29.0

表 5－3　焊钉材料属性

编　号	型号(mm×mm)	屈服强度 f_y/MPa	极限强度 f_u/MPa	伸长率/%
1	22×200	375	460	18.0
2	22×200	385	490	19.0
3	22×200	390	480	18.0
4	22×200	370	470	17.0
平均值	22×200	380	475	18.0

5.2.3　试验加载及测试

推出试验由一台量程为 4 000 kN 千斤顶完成，试验加载如图 5－2 所示。首先，把荷载加载到预计破坏荷载的 40%，接着在预计破坏荷载的 5%～40%循环往复加载 25 次，最后，持续加载直到试件破坏。

在钢结构与混凝土交接面处，设置两个千分表，用来测量加载过程中，钢结构与混凝土之间的竖向位移，相对位移的测量到荷载下降为最大荷载的 20%为止。

图 5-2　试验加载图

5.3　试验结果及分析

5.3.1　试件破坏状态

单钉试验破坏状态如图 5-3 所示。从图中可以看出，试件的破坏形式均为焊钉被剪断而发生破坏，混凝土除了焊钉根部被压碎以外，其他部位没有发生开裂的现象。

多钉试验破坏状态如图 5-4 所示。从图中可以看出，试件的破坏形式均为焊钉被剪断而发生破坏，混凝土除了在焊钉根部处受压破坏以外，其他部位没有发生开裂的现象。

在图 5-4 中，焊钉对应的位置如编号所示。从图 5-4(b)、(c)、(d)中可以看出，上排焊钉的塑性变形要大于下排的焊钉，说明上层焊钉受力后产生充分的变形，当上层焊钉受力被剪断后，荷载迅速向后排焊钉传递，后

(a) 试件表面

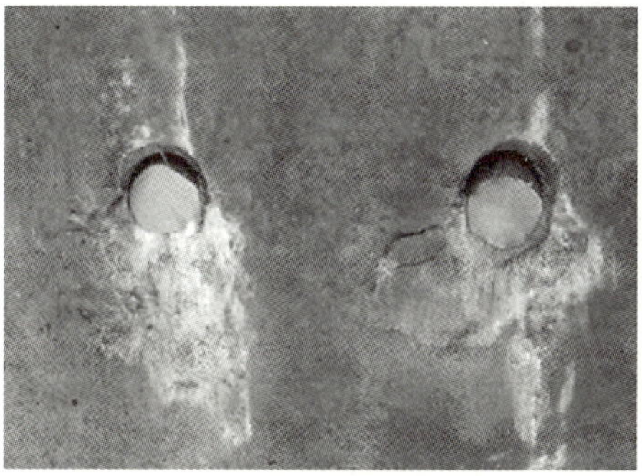

(b) 混凝土表面

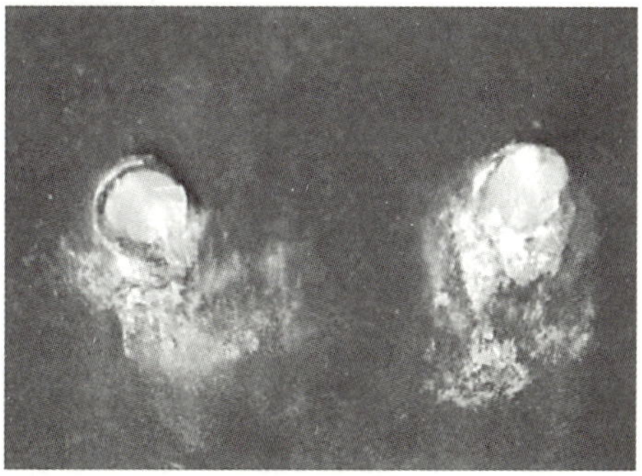

(c) 钢结构表面

图 5－3　单钉试件破坏状态

排焊钉承担了全部的荷载，致使后排焊钉快速被剪断，从而导致后排焊钉还没有发生充分变形就被剪断了，因而其塑性变形小。

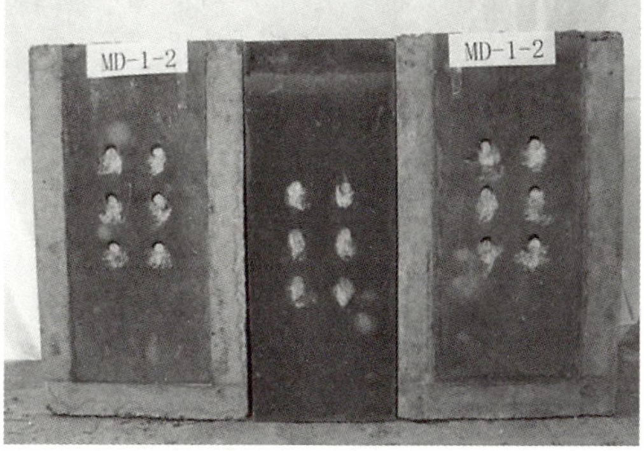

(a) 试件表面

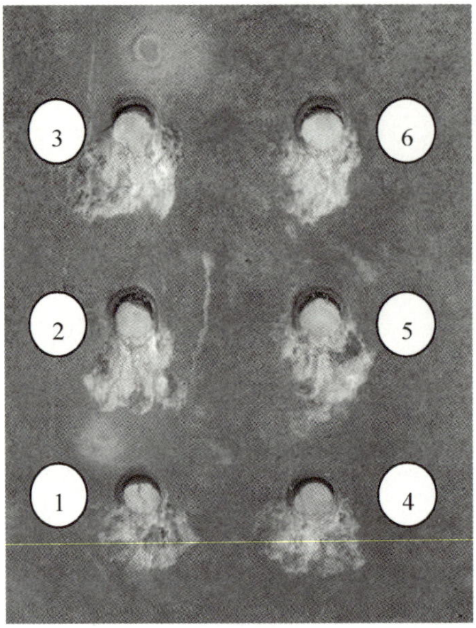

(b) 混凝土表面

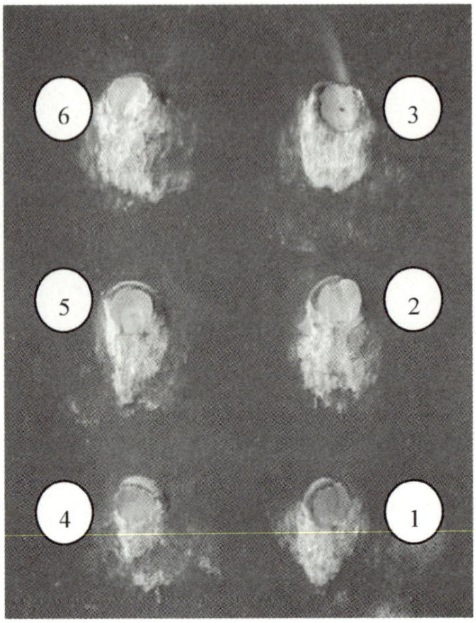

(c) 钢结构表面

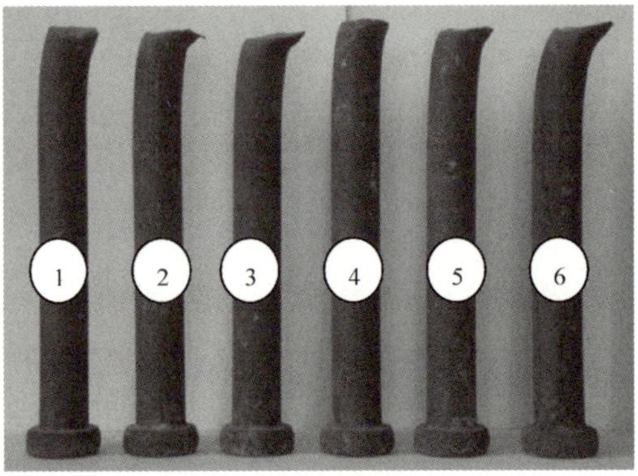

(d) 焊钉破坏状态

图 5-4　多钉试件破坏状态

5.3.2　荷载-滑移曲线

焊钉推出试验的荷载-滑移曲线如图 5-5 所示。当荷载施加到试件上，钢与混凝土之间出现相对滑移。焊钉剪力连接件的力学性能可以通过

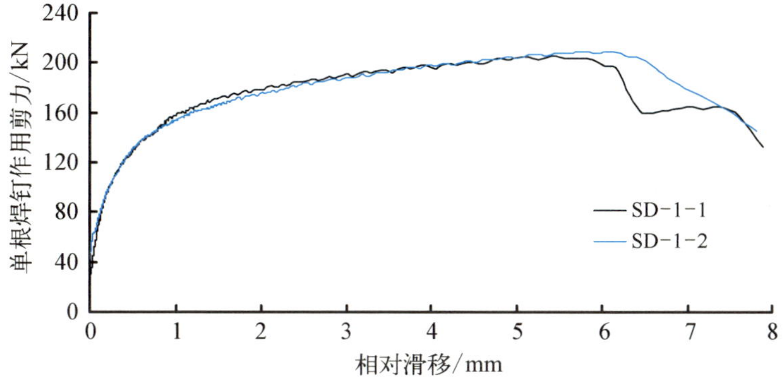

(a) 单钉

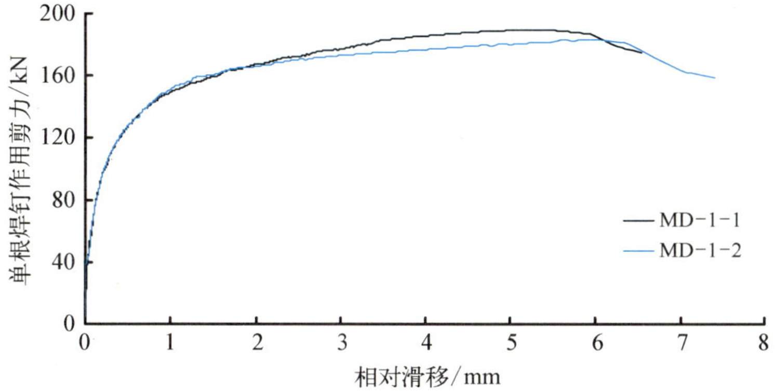

(b) 焊钉间距：100 mm

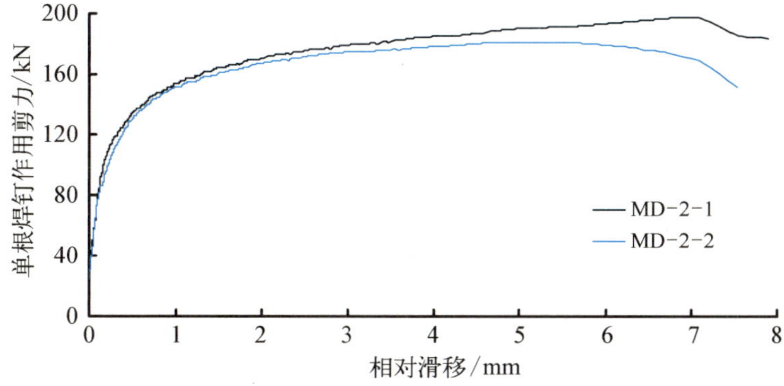

(c) 焊钉间距：150 mm

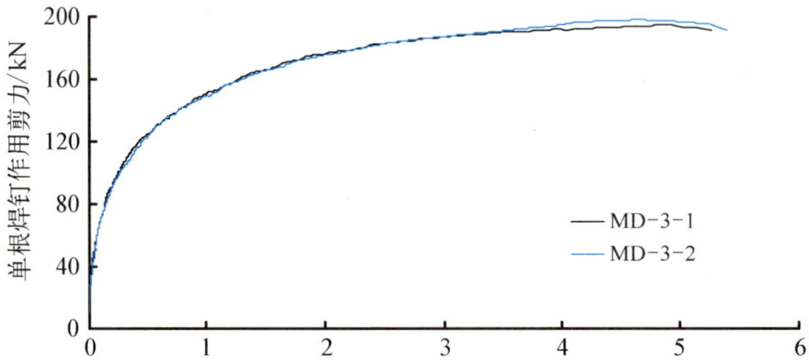

(d) 焊钉间距:200 mm

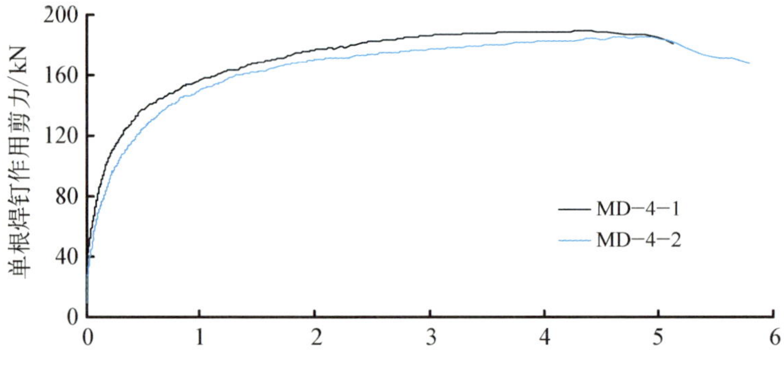

(e) 焊钉间距:250 mm

图 5-5　剪力-相对滑移曲线

荷载-滑移曲线来说明,荷载-滑移曲线可以分成三个部分:第一部分为荷载-滑移曲线线性比例上升阶段,这一阶段大致占上升阶段的 40%～50%;第二部分为荷载-滑移曲线非线性上升阶段,上升的速率逐渐减小;第三部分为荷载-滑移曲线下降阶段,在部分试验中,这一阶段并不显著,有的试验没有明显的下降段。

5.3.3　焊钉抗剪刚度的变化

在本书中，把焊钉抗剪刚度定义为当相对滑移达到 0.2 mm 时，荷载-滑移曲线所对应的割线的斜率。

不同焊钉间距试件推出试验的焊钉荷载-滑移曲线如图 5-6 所示。从图中可以看出，无论是单钉还是多钉试件，无论焊钉间距是否有变化，试验中焊钉抗剪刚度没有明显的区别，基本保持了一致，这说明焊钉间距的改变对于焊钉抗剪刚度的影响很小，可以忽略由焊钉间距变化而引起的焊钉抗剪刚度的变化。

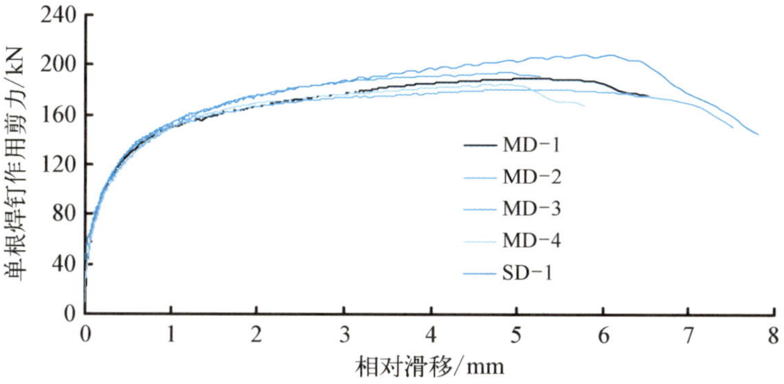

图 5-6　剪力-相对滑移曲线

5.3.4　极限抗剪强度和相对滑移

平均单根焊钉承受最大荷载定义为极限荷载 P_u，极限荷载对应的焊钉的相对滑移定义为极限滑移，把试验中焊钉的最大的滑移量定义为最大滑移。通过推出试验得到的极限荷载、极限滑移、最大滑移以及试件破坏模式见表 5-4。从表中可以看出，单钉试件的极限强度比多钉试件大 10%左右，单钉试件的极限滑移比多钉试件大 20%左右，单钉试件的最大滑移也要比多钉试件大。因此，多钉剪力连接件与单钉剪力连接件的性能存在一定的差别，这种差别不能忽略。

表 5-4 焊钉推出试验结果

试件	单根焊钉极限强度 P_u/kN	极限滑移 S_u/mm	最大滑移 S_{max}/mm	破坏状态
SD-1	208.8	6.13	7.81	焊钉剪断
MD-1	189.5	5.03	6.53	焊钉剪断
MD-2	181.2	5.00	7.52	焊钉剪断
MD-3	194.7	4.93	5.27	焊钉剪断
MD-4	185.4	4.90	5.79	焊钉剪断

5.3.5 剪力滑移关系表达式

焊钉的作用剪力-滑移关系曲线可以反映出焊钉的重要特性，是了解焊钉受力性能的重要途径，因而确定一个能够准确表达焊钉作用剪力-滑移关系的表达式是一项具有重要意义的工作。世界各国研究人员提出过不同形式的焊钉作用剪力-滑移关系表达式，这些关系式通常用 P/P_u 和 S 来表达，其中，P/P_u 为单根焊钉所受荷载与极限荷载的比值，S 为焊钉相对滑移。

Li An 和 Krister Cederwall[81] 根据推出试验的结果，提出了一个荷载-滑移非线性关系表达式，如式(5-1)和式(5-2)所示。

$$\frac{P}{P_u}=\frac{2.24(S-0.058)}{1+1.98(S-0.058)} \quad \text{适用于普通混凝土} \tag{5-1}$$

$$\frac{P}{P_u}=\frac{4.44(S-0.031)}{1+4.24(S-0.031)} \quad \text{适用于高强混凝土} \tag{5-2}$$

基于试验测试值和试验荷载-滑移曲线的形状，Wojciech Lorenc 和 Ernest Kubica[105] 提出荷载-滑移关系如式(5-3)所示。

$$\frac{P}{P_u}=(1-e^{-0.55S})^{0.3} \tag{5-3}$$

依据 30 个推出试验的试验数据和对其他荷载-滑移关系表达式的分析，文献[90]给出了新的荷载-滑移关系如式(5-4)所示。

$$\frac{P}{P_u}=\frac{S}{0.5+0.97S} \tag{5-4}$$

本书依据所做试验得到的结果，并综合了其他荷载-滑移表达式的形式和特点，提出了分别适用于单钉剪力连接件和多钉剪力连接件的荷载-滑移表达式，如式(5-5)和式(5-6)所示。

$$\frac{P}{P_u}=(1-e^{-0.7S})^{\frac{1}{3}} \quad \text{适用于多钉连接件} \tag{5-5}$$

$$\frac{P}{P_u}=(1-e^{-0.5S})^{\frac{1}{3}} \quad \text{适用于单钉连接件} \tag{5-6}$$

把试验结果和用表达式(5-1)—式(5-6)计算得到的曲线进行比较，见图5-7。从图中可以看出，本书提出的表达式与试验结果吻合的较好，能够比较准确地反映单钉剪力连接件和多钉剪力连接件的性能。

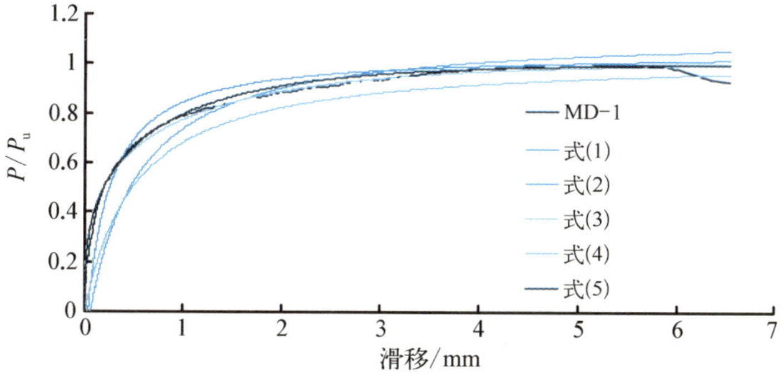

(a) 焊钉间距：100 mm

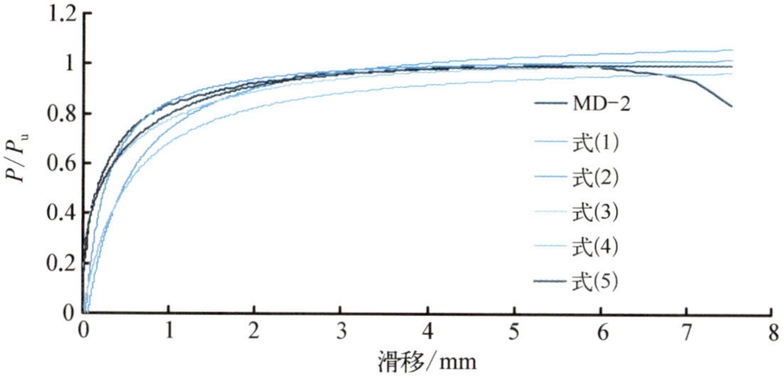

(b) 焊钉间距：150 mm

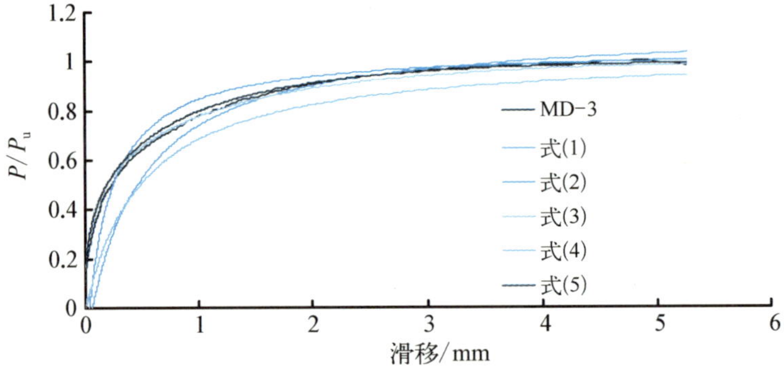

(c) 焊钉间距:200 mm

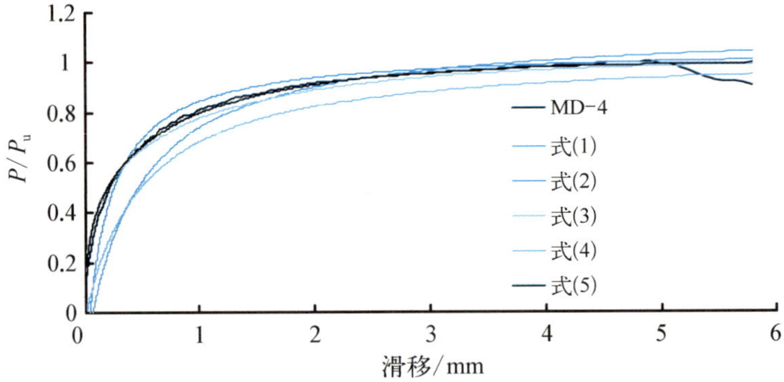

(d) 焊钉间距:250 mm

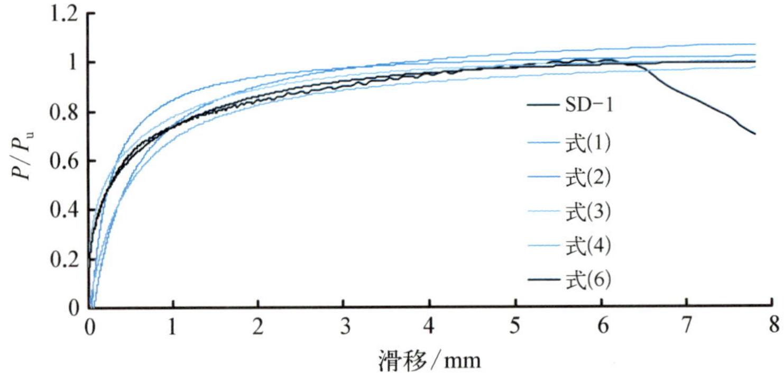

(e) 单钉

图 5-7　荷载-滑移曲线

为进一步说明各种荷载-滑移关系表达式的情况，把试验结果和各种荷载-滑移关系表达式进行了对比分析，列于表 5-5 和表 5-6 中。

从表中可以看出，本书提出的荷载-滑移关系表达式与实际结果吻合的更好。

因此，本书提出的荷载-滑移关系表达式能够比较好地反映单钉剪力连接件和多钉剪力连接件的力学性能，可以为设计提供参考。

表 5-5　单钉荷载-滑移关系式比较

试　件	试验值 P/P_u	(计算值 P/P_u)/(试验值 P/P_u)				
		式(1)	式(2)	式(3)	式(4)	式(6)
SD-1	0.4	0.395	0.828	1.145	0.550	1.018
	0.5	0.630	1.014	1.084	0.678	0.982
	0.6	0.810	1.105	1.050	0.790	0.970
	0.8	1.061	1.135	1.061	0.971	1.021
	1	1.043	1.007	0.989	0.950	0.984

表 5-6　多钉荷载-滑移关系式比较

试　件	试验值 P/P_u	(计算值 P/P_u)/(试验值 P/P_u)				
		式(1)	式(2)	式(3)	式(4)	式(5)
MD-1	0.4	0.265	0.658	1.068	0.452	1.050
	0.5	0.472	0.846	1.002	0.558	1.000
	0.6	0.675	0.990	0.980	0.683	0.993
	0.8	0.953	1.073	0.988	0.879	1.016
	1	1.027	1.000	0.981	0.935	0.990
MD-2	0.4	0.143	0.488	0.990	0.365	0.96
	0.5	0.400	0.764	0.962	0.502	0.95
	0.6	0.572	0.892	0.927	0.602	0.935
	0.8	0.848	1.006	0.921	0.789	0.946
	1	1.026	1.000	0.980	0.935	0.990
MD-3	0.4	0.348	0.768	1.118	0.515	1.105
	0.5	0.588	0.972	1.062	0.646	1.066

续　表

试　件	试验值 P/P_u	(计算值 P/P_u)/(试验值 P/P_u)				
		式(1)	式(2)	式(3)	式(4)	式(5)
MD-3	0.6	0.750	1.055	1.018	0.742	1.035
	0.8	0.968	1.081	0.996	0.889	1.026
	1	1.025	0.999	0.980	0.933	0.989
MD-4	0.4	0.333	0.745	1.108	0.502	1.095
	0.5	0.530	0.910	1.032	0.602	1.034
	0.6	0.702	1.013	0.993	0.703	1.008
	0.8	0.913	1.048	0.960	0.844	0.989
	1	1.024	0.999	0.979	0.933	0.989

5.3.6　焊钉承载力规范比较

通过试验得到焊钉的承载力，并且把试验结果同欧洲 Eurocode-4 规范[106]、美国 AASHTO LRFD 规范[107]、中国规范[108]作对比，验证各国规范与试验结果的差别，确定单钉剪力连接件和多钉剪力连接件的适用条件。

欧洲 Eurocode-4 规范规定，焊钉连接件的设计剪切强度按照公式(5-7a)和式(5-7b)计算。

$$P_{Rd}=0.8f_u(\pi d^2/4)/\gamma_v \tag{5-7a}$$

$$P_{Rd}=0.29\alpha d^2\sqrt{(f_{ck}E_{cm})}/\gamma_v \tag{5-7b}$$

选择这两个公式计算结果中较小的值，式中的单位分别为 N 和 mm。

式中　当 $3\leqslant h/d\leqslant 4$ 时，$\alpha=0.2[(h/d)+1]$；

当 $h/d>4$ 时，$\alpha=1$；

d——焊钉的直径；

f_u——焊钉的极限抗拉强度，但是取值不超过 500 N/mm²；

f_{ck}——混凝土的抗压强度；

E_{cm}——混凝土的弹性模量；

h——焊钉的高度；

γ_v——分项安全系数，不考虑疲劳时取值为 1.25。

美国 AASHTO LRFD 规范规定，混凝土板中的焊钉，单个剪切强度可通过公式(5-8)计算得到。

$$Q_r = \phi 0.5 A_{sc}\sqrt{(f'_c E_c)} \leqslant \phi A_{sc} F_u \tag{5-8}$$

式中　A_{sc}——焊钉剪力连接件的横截面积(mm²)；

F_u——单个焊钉的最小抗拉强度(MPa)；

E_c——混凝土板的弹性模量(MPa)；

ϕ——焊钉的抵抗因子，取值为 0.85；

f'_c——混凝土抗压强度。

在中国现行的钢结构设计规范 GB 2003 中，焊钉的承载力由公式(5-9)确定。

$$N_v^c = 0.43 A_s \sqrt{E_c f_c} \leqslant 0.7 A_s \gamma f \tag{5-9}$$

式中　A_s——焊钉剪力连接件的横截面积(mm²)；

f_c——混凝土抗压强度(MPa)；

f——焊钉的抗拉强度设计值；

γ——焊钉材料抗拉强度最小值与焊钉屈服强度的比值。当焊钉材料性能为 4.6 级时，取 $f = 215(\text{N/mm}^2)$，$\gamma = 1.67$。

上面几个公式用来估算焊钉连接件的剪切承载力，表 5-7 列出了推出试验得到的极限承载力和通过这几个规范公式计算出来的承载力。通过大量的试验结果表明，由规范公式计算得到的承载力，大致等于试验获得的承载力的80%。因此,通过比较可以知道,由欧洲规范计算出来的结果与单钉推出试验的结果比较接近,用美国规范和中国规范计算出来的结果与多钉推出试验的结果相接近。说明欧洲规范适用于计算单钉连接件的设计承载力,中国和美国规范适用于计算多钉连接件的设计承载力。

表 5-7 试验值与规范对比

试件	试验值	式(7)	式(8)	式(9)	试验值/式(7)	试验值/式(8)	试验值/式(9)
SD-1	208.8	144.4	157.7	157.9	1.45	1.32	1.32
MD-1	189.5	144.4	157.7	157.9	1.31	1.20	1.20
MD-2	181.2	144.4	157.7	157.9	1.25	1.15	1.15
MD-3	194.7	144.4	157.7	157.9	1.35	1.23	1.23
MD-4	185.4	144.4	157.7	157.9	1.28	1.18	1.17

5.4 本章小结

本书通过焊钉推出试验,分析了单钉剪力连接件和多钉剪力连接件的性能的异同,得到如下主要结论:

(1) 所有试件的破坏形式均为焊钉被剪断而发生破坏。上排焊钉的塑性变形要大于下排的焊钉,说明上层焊钉受力后产生充分的变形,当上层焊钉受力被剪断后,荷载迅速向后排焊钉传递,后排焊钉承担了全部的荷载,致使后排焊钉快速被剪断,从而导致后排焊钉还没有发生充分变形就被剪断了。

(2) 焊钉推出试验的荷载-滑移曲线可以分成三个部分:第一部分为荷载-滑移曲线线性比例上升阶段,这一阶段大致占上升阶段的40%~50%;第二部分为荷载-滑移曲线非线性上升阶段,上升的速率逐渐减小;第三部分为荷载-滑移曲线下降阶段,当达到最大承载力以后,试件迅速破坏，在部分试验中，这一阶段并不显著，有的试验荷载-滑移曲线没有呈现出明显的下降段。

(3) 单钉剪力连接件和多钉剪力连接件具有相近的刚度，焊钉间距的大小对焊钉的刚度的影响很小。在实际设计或者科研分析中，可以忽略由焊钉间距变化而引起的焊钉刚度的变化。

(4) 多钉剪力连接件的极限强度明显低于单钉剪力连接件，单钉剪力连接件的极限强度比多钉剪力连接件大 10%左右。单钉剪力连接件的极限滑移比多钉剪力连接件大 20%左右。多钉剪力连接件的布置形式对于焊钉的性能影响不能忽略。这些结论对于焊钉的设计具有很大的参考价值。

(5) 本书提出了一个新的焊钉荷载-滑移关系表达式：

$$\frac{P}{P_u} = (1 - e^{-0.7S})^{\frac{1}{3}} \quad \text{适用于多钉连接件}$$

$$\frac{P}{P_u} = (1 - e^{-0.5S})^{\frac{1}{3}} \quad \text{适用于单钉连接件}$$

式中，S 为相对滑移(mm)。

该表达式可以较好地表示单钉剪力连接件和多钉剪力连接件荷载-滑移关系，可以为组合结构的设计提供一定的指导。

(6) 通过试验得到的焊钉承载力与相关规范进行了比较分析。比较结果显示，由欧洲规范计算出来的结果与单钉推出试验的结果比较接近，用美国规范和中国规范计算出来的结果与多钉推出试验的结果相接近。说明欧洲规范适用于计算单钉连接件的设计承载力，中国和美国规范适用于计算多钉连接件的设计承载力。

第6章 结论与展望

6.1 结　论

本书以双层复合桁架斜拉桥为研究对象，运用有限元分析和试验研究的方法，对混合梁结合段的受力性能、复合桁架节点的静力及疲劳性能，以及多钉剪力连接件的力学性能进行了研究，得到如下主要结论：

(1) 通过对钢与混凝土结合段的有限元分析和试验研究，可以得到如下结论：

① 通过有限元分析可知，从整体上来说，钢梁段应力过渡较为均匀。在承压板附近，U肋的应力要大于桥面板和钢弦杆的应力，钢梁中的纵向应力主要通过U肋来传递到混凝土梁中。

② 混凝土梁段在承压板处直接受到从钢梁传递过来的轴向力的作用，所受压应力最大，随着距承压板距离的增加，混凝土应力迅速减小，混凝土梁段能够把钢梁传递过来的荷载较好地扩散出去，有效降低混凝土梁段的应力水平。

③ 承压板上的焊钉，由外至内，剪力逐渐减小。焊钉所受剪力最大值出现在边角位置。

④ 在复合桁架弦杆中，钢弦杆承担大约20%的荷载，混凝土弦杆承担

大约 80％的荷载。说明弦杆的荷载主要是由混凝土来承担的，混凝土在承担荷载中起主要作用，钢结构起次要作用。

（2）运用有限元子模型的方法，从全桥整体模型、节段梁模型，到节点模型，逐步细化分析，研究了复合桁架节点的受力性能，并对缩尺模型进行了试验研究，得到如下结论：

① 通过有限元分析可知，在节点板处各种杆件交汇，节点板受力十分复杂，应力分布不均匀，节点板中心部分应力水平低。同时，受到节点板上焊钉剪力的影响，出现局部应力增高的现象。节点处混凝土主拉应力总体较小，在混凝土各个角点以及横梁预应力锚固处，混凝土主拉应力局部增大。

② 通过有限元分析可知，节点前排焊钉受力要大于后排焊钉，前三排焊钉传递大部分剪力。从前排到后排，焊钉所受剪力逐渐减小，并且这种减小的趋势逐渐减弱。

③ 通过有限元分析可知，焊钉布置方式、焊钉刚度取值、钢垫板的设置和钢腹杆内是否填充混凝土对节点的受力性能有很大的影响，可以作为复合桁架节点设计的参考。

④ 通过节点静力性能试验研究可知，在 1.7 倍设计荷载作用下，结构荷载-应变曲线呈现线性关系。说明结构处于弹性状态，结构具有一定的安全储备。

⑤ 在钢与混凝土弦杆中，钢结构承担荷载的比例约为 11％，混凝土承担荷载的比例约为 89％，表明弦杆荷载主要是由混凝土来承担的，混凝土在承担荷载中起主要作用，钢结构次要作用。

⑥ 运用有限元方法的计算结果与试验结果吻合较好，有限元分析方法具有简便、快速、全面、节省费用的优点，可以用来分析复合桁架节点的力学性能。

（3）本书构思了两种新型复合桁架节点——节点板开孔式节点和开孔肋板式节点，针对这两种节点和焊钉式节点，进行了疲劳性能试验研究，得到如下结论：

① 通过节点疲劳试验研究可知，随着加载次数的增加，节点竖向位移荷载曲线的斜率逐渐减小，同时在相同荷载作用下，节点竖向位移增大，表明节点刚度随疲劳荷载次数的增加而逐渐减小。

② 通过节点疲劳试验研究可知，钢与混凝土交接面处，出现微小的裂缝，裂缝发展十分缓慢。此种裂缝为钢与混凝土产生相对滑移滑移导致，仅为表面裂缝，非结构性损伤，未对结构受力性能产生影响。

③ 通过节点疲劳试验研究可知，钢与混凝土之间的相对滑移十分微小，相对滑移随着加载次数的增加有增大的趋势。

④ 通过节点疲劳试验研究可知，疲劳荷载最终加载完毕，产生的裂缝数量少，宽度小，发展慢，刚度损伤小，结构承载能力未明显降低，复合桁架节点具有良好的耐疲劳性。

（4）在工程实际中，焊钉连接件通常为多钉剪力连接件布置，而目前对多钉剪力连接件研究较少，多钉剪力连接件力学性能亟待研究。本书针对多钉剪力连接件进行焊钉推出试验研究，得到如下结论：

① 根据焊钉推出试验，所有试件的破坏形式均为焊钉被剪断而发生破坏。上排焊钉的塑性变形要大于下排的焊钉，说明上层焊钉受力后产生充分的变形，当上层焊钉受力被剪断后，荷载迅速向后排焊钉传递，后排焊钉承担了全部的荷载，致使后排焊钉快速被剪断，从而导致后排焊钉还没有发生充分变形就被剪断了。

② 焊钉推出试验的荷载-滑移曲线可以分成三个部分：第一部分为荷载-滑移曲线线性比例上升阶段，这一阶段大致占上升阶段的40％～50％；第二部分为荷载-滑移曲线非线性上升阶段，上升的速率逐渐减小；第三部分为荷载-滑移曲线下降阶段，当达到最大承载力以后，试件迅速破坏，在部分试验中，这一阶段并不显著，有的试验荷载-滑移曲线没有呈现出明显的下降段。

③ 单钉剪力连接件和多钉剪力连接件具有相近的刚度，焊钉间距的大小对焊钉的刚度的影响很小。在实际设计或者科研分析中，可以忽略由焊钉间距变化而引起的焊钉刚度的变化。

④ 根据推出试验，多钉剪力连接件的极限强度明显低于单钉剪力连接件，单钉剪力连接件的极限强度比多钉剪力连接件大 10%左右。单钉剪力连接件的极限滑移比多钉剪力连接件大 20%左右。多钉剪力连接件的布置形式对于焊钉的性能影响不能忽略。这些结论对于焊钉的设计具有参考价值。

⑤ 本书提出了一个新的焊钉荷载-滑移关系表达式：

$$\frac{P}{P_u} = (1 - e^{-0.7S})^{\frac{1}{3}} \quad \text{适用于多钉连接件}$$

$$\frac{P}{P_u} = (1 - e^{-0.5S})^{\frac{1}{3}} \quad \text{适用于单钉连接件}$$

式中，S 为相对滑移(mm)。

该表达式可以较好地表示单钉剪力连接件和多钉剪力连接件荷载-滑移关系，可以为组合结构的设计提供一定的指导。

⑥ 通过推出试验，得到的焊钉承载力与相关规范进行了对比分析。比较结果显示，由欧洲规范计算出来的结果与单钉推出试验的结果比较接近，用美国规范和中国规范计算出来的结果与多钉推出试验的结果相接近。说明欧洲规范适用于计算单钉连接件的设计承载力，中国和美国规范适用于计算多钉连接件的设计承载力。

6.2　进一步工作的方向

本书对双层复合桁架斜拉桥关键构造进行了初步的研究，得到了一些有价值的结论，可以作为今后设计和科研工作的参考。但是尚有许多有待进一步深入进行的研究工作，主要内容如下：

（1）混合梁结合段和复合桁架节点的极限承载力研究

本书试验模型选取 1∶2.5 的比例尺，试验规模较大。受到加载规模的限制，试验最终加载到 1.7 倍设计荷载，未能做到破坏状态，没有得到结合段的破坏形式和极限承载能力。结构的极限承载能力是结构受力性能的一个重要指标，是结构极限状态设计的参考依据，是桥梁结构研究的重点内容之一，宜做进一步的研究。

（2）复合桁架节点的疲劳寿命研究

本书复合桁架节点疲劳试验模型选取 1∶4 的比例尺，受到加载规模、试验时间和试验条件的限制，试验最终加载了 250 万次左右的疲劳荷载，未能做到疲劳破坏，没能够用试验的数据说明节点具体的疲劳寿命。今后可以在此研究方向上做进一步的研究。

（3）多钉剪力连接件的进一步研究

本书针对桥梁中最常用到的 Φ22×200（mm×mm）的焊钉进行了研究，得到多钉剪力连接件的相关研究成果。对于其他型号的焊钉，应进行同样的研究，以确定该研究成果是否具有普遍性和规律性。对焊钉的性能进一步深入研究，揭示焊钉连接件的力学本质，使焊钉连接件的性能得到更加清晰的认识，使其设计更加合理，应用更加广泛。

（4）焊钉的合理构造措施研究

在研究中发现，通常来说，在主要受力方向的前几排焊钉受力较大，后排焊钉受力较小，焊钉承担的剪力分布不均匀，这降低了焊钉的传力效果，不利于充分发挥全体焊钉的作用。可以考虑采用变刚度焊钉或柔性焊钉等，使各排焊钉均匀受力，以切实提高焊钉剪力连接件的效用，使得结构受力更加合理。

参考文献

[1] 刘玉擎. 组合结构桥梁[M]. 北京：人民交通出版社，2005.

[2] 田其轩. 日本钢-混凝土组合桥的发展趋势[J]. 公路交通技术，2000，3：64－70.

[3] 严国敏. 西欧结合梁桥的现有发展水平[J]. 国外桥梁，1992，4：1－7.

[4] 陈开利. 法国 Boulonnais 高架桥简介[M]. 1999，1：15－17.

[5] Bacchetta A, Dauner H G. The dreirosenbridge over the rhine at basel [R]. IABSE Congress Report, 16th congress of IABSE, Lucerne, 2000, 440－447(8).

[6] Reis A J, Oliveira Pedro J J. The europe bridge in portugal: concept and structural design [J]. Journal of Constructional Steel Research, 2004, 60: 363－372.

[7] Jung K H, Yi J W, Kim J H J. Structural safety and serviceability evaluations of prestressed concrete hybrid bridge girders with corrugated or steel truss web members [J]. Engineering Structures, 2010, 32(12): 3866－3878.

[8] 刘玉擎. 混合梁结合部设计技术的发展[J]. 世界桥梁，2005(4)：9－12.

[9] 刘荣. 斜拉桥混合梁结合段合理设计研究[D]. 上海：同济大学，2010.

[10] 陈开利，余天庆，习刚. 混合梁斜拉桥的发展与展望[J]. 桥梁建设，2005，2：1－4.

[11] Kunihisa M, Hiroaki H, Kimura K. Report on two experiments for the design of transition elements of the superstrcture on Ikuchi Bridge [J]. Honshi Technical

Report, 1989, 13(49): 48 - 52.

[12] Tada K, Yamagichi K. Design and construction of Ikuchi Bridge: the connection of two type girders [J]. Proceedings of 2ed Symposium on Application of Composite Structure, 1989: 359 - 364.

[13] 文武松,汪双炎,王邦楣. 混合型斜拉桥连接部位的传力研究[J]. 桥梁建设, 1997,3: 75 - 81.

[14] 陈开利,王戒躁,安群慧. 舟山桃夭门大桥钢与混凝土结合段模型试验研究[J]. 土木工程学报,2006,39(3): 86 - 90.

[15] 叶梅新,蒋彪. 混合型自锚式悬索桥连接部位传力研究[J]. 铁道科学与工程学报,2006,3(3): 1 - 6.

[16] 吴文明,刘玉擎,蒋劲松. 组合拱肋连接部钢与混凝土结合性能试验研究[J]. 北京交通大学学报,2006,30(增刊): 230 - 234.

[17] 占玉林,赵人达,谢帮珠,等. 钢-混凝土结合段模型试验研究[J]. 哈尔滨工业大学学报,2007,39(增刊 2): 707 - 710.

[18] 刘荣,刘玉擎. 混合梁结合部连接件受力分析[J]. 哈尔滨工业大学学报,2007,37(S2): 264 - 268.

[19] 刘荣,刘玉擎,吴定俊. 混合梁后承压板式结合部受力性能研究[J]. 哈尔滨工业大学学报,2009,41(S2): 196 - 200.

[20] 刘荣,余俊林,刘玉擎,等. 鄂东长江大桥混合梁结合部受力分析[J]. 桥梁建设, 2010,(3): 33 - 35.

[21] 刘荣,余振,裴炳志. 荆岳长江公路大桥主梁结合段受力分析[J]. 中外公路, 2009,29: 79 - 82.

[22] 武建敏. 大跨径斜拉桥混合梁结合段模型试验研究[D]. 上海: 同济大学,2009.

[23] 吴文明. 大跨度混合拱桥钢与混凝土结合部试验研究[D]. 上海: 同济大学,2007.

[24] 刘琼,黄彩萍,党志杰. 斜拉桥箱梁钢-混结合段受力的试验研究[J]. 铁道工程学报,2009,9: 46 - 49.

[25] Bacchetta A, Dauner H G. The dreirosen bridge over the Rhine at Basel [R].

16th Congress of IABSE, Lucerne, 2000.

[26] Udomworarat P, Miki C, Ichikawa A. Fatigue and ultimate of concrete filled tubular K-joints on truss girder [J]. Journal of structural engineering, 2000, 46: 1627 - 1635.

[27] Udomworarat P, Miki C, Ichikawa A, et al. Fatigue performance of composite tubular K-joints for truss type bridge [J]. Journal of Structural Engineering, 2002, 19: 65 - 79.

[28] Sakai Y, Hosaka T, Isoe A, et al. Experiments on concrete filled and reinforced tubular K-joints of truss girder [J]. Journal of Constructional Steel Research, 2004, 60: 683 - 699.

[29] Nomura T, Ohno S, Kato T. A study on structural performance of joint in PC hybrid truss bridge [J]. Report of Obayashi Corporation Technical Research Institute, 2004, 68: 1 - 6 [in Japanese].

[30] Shoji A, Kondo T, Osugi T, et al. A studt on point of a PC bridge with steel truss webs [J]. Proceedings of the Japan Society of Civil Engineers. 2004, 63: 75 - 89 [in Japanese].

[31] 小川博基,小早川豊,武中純一. 猿田川橋　巴川橋の工事概要と格点構造の開発[J]. ハルテック技報,2006,3: 36 - 43.

[32] Furuichi K, Hishiki Y, Yoshida K, et al. The proposal of a design method of the joint structure for the steel/concrete truss bridge [J]. Proceedings of the Japan Society of Civil Engineers, 2006, 62: 349 - 66 [in Japanese].

[33] Murata H, Niwa J, Tanaka Y, et al. Study on composite pc structures using prestressed UFC truss members [J]. Proceedings of the Japan Society of Civil Engineers, 2007, 63: 92 - 102 [in Japanese].

[34] 左東有次,日野伸一,園田佳巨,等. 複合トラス橋の格点構造の応力伝達機構に関する研究[J]. 構造工学論文集,2008,3: 778 - 785.

[35] Yin Y, Han Q H, Bai L J, et al. Experimental study on hysteretic behaviour of tubular N-joints [J]. Journal of Constructional Steel Research, 2009, 65:

326 - 334.

[36] 黄生富. 双层斜拉桥复合桁架节点受力性能研究[D]. 上海：同济大学，2008.

[37] Mashiri F R, Zhao X. Square hollow section (SHS) T-joints with concrete-filled chords subjected to in-plane fatigue loading in the brace [J]. Thin-walled Structures, 2010, 48: 150 - 158.

[38] Shim C S, Kim D W. Structural performance of composite joints using bent studs [J]. International Journal of Steel Structures, 2010, 10: 1 - 13.

[39] Richard Liew J Y, Teo T H, Shanmugam N E. Composite joints subject to reversal of loading — Part 1 experimental study [J]. Journal of Constructional Steel Research, 2004, 60: 221 - 246.

[40] Richard Liew J Y, Teo T H, Shanmugam N E. Composite joints subject to reversal of loading — Part 2 analytical assessments [J]. Journal of Constructional Steel Research, 2004, 60: 247 - 268.

[41] Choo Y S, Qian X D, Wardenier J. Effects of boundary conditions and chord stresses on static strength of thick-walled CHS K-joints [J]. Journal of Constructional Steel Research, 2006, 62: 316 - 328.

[42] Walbridge S, Nussbaumer A. A probabilistic assessment of the effect of post-weld treatment on the fatigue performance of tubular truss bridges [J]. Engineering Structures, 2008, 30: 247 - 257.

[43] Walbridge S, Nussbaumer A. A probabilistic model for determining the effect of post-weld treatment on the fatigue performance of tubular bridge joints [J]. Internaltional Journal of Fatigue, 2007, 29: 516 - 532.

[44] Walbridge S. Nussbaumer A. Probabilistic fatigue analysis of shop and field treated tubular truss bridges [J]. Journal of Constructional Steel Research, 2008, 64: 156 - 166.

[45] Schumacher A, Nussbaumer A. Experimental study on the fatigue behaviour of welded tubular K-joints for bridges [J]. Engineering Structures, 2006, 28: 745 - 755.

[46] Haldimann-Sturm S C, Nussbaumer A. Fatigue design of cast steel nodes in tubular bridge structures [J]. International Journal of Fatigue, 2008, 30: 528 - 537.

[47] Pang N L, Zhao X L, Mashiri F R, et al. Full-size testing to determine stress concentration factors of dragline tubular joints [J]. Engineering Structures, 2009, 31: 43 - 56.

[48] Brozzetti J. Design development of steel-concrete composite bridges in France [J]. Journal of Constructional Steel Research, 2000,55: 229 - 243.

[49] Machacek J, Cudejko M. Longitudinal shear in composite steel and concrete trusses [J]. Engineering Structures, 2009, 31: 1313 - 1320.

[50] Shao Y B. Geometrical effect on the stress distribution along weld toe for tubular T-and K-joints under axial loading [J]. Journal of Constructional Steel Research, 2007, 63: 1351 - 1360.

[51] Shao Y B, Du Z F, Lie S T. Prediction of hot spot stress distribution for tubular K-joints under basic loadings [J]. Journal of Constructional Steel Research, 2009, 63: 1 - 16.

[52] Gho W M, Gao F, Yang Y. Strain and stress concentration of completely overlapped tubular CHS joints under basic loadings [J]. Journal of Constructional Steel Research, 2006, 62: 656 - 674.

[53] Gao F, Shao Y B, Gho W M. Stress and strain concentration factors of completely overlapped tubular joints under lap brace IPB load [J]. Journal of Constructional Steel Research, 2007, 63: 305 - 316.

[54] Wang W, Chen Y Y. Hysteretic behaviour of tubular joints under cyclic loading [J]. Journal of Constructional Steel Research, 2007, 63: 1384 - 1395.

[55] Ran F, Ben Y. Tests of concrete-filled stainless steel tubular T-joints [J]. Journal of Constructional Steel Research, 2008, 64: 1283 - 1293.

[56] Kravanja S, Silih S. Optimization based comparison between composite I beams and composite trusses [J]. Journal of Constructional Steel Research, 2003, 59:

609 - 625.

[57] Wang R H, Li R S, Luo Q Z, et al. Nonlinear analysis of plate-truss composite steel girders [J]. Engineering Structures, 2003, 25: 1377 - 1385.

[58] Wang R, Huang Y, Li Q, et al. Model test and numerical analysis of a special joint for a truss bridge [J]. Journal of Constructional Steel Research, 2009, 65: 1261 - 1268.

[59] 舒兴平,朱正荣,王元清. N型方圆钢管相贯节点足尺试验研究[J]. 建筑结构学报,2006,27(1): 66 - 70.

[60] 张敏,叶梅新,靳飞. 京沪高速南京长江大桥结点受力性能分析[J]. 铁道科学与工程学报,2007,6(3): 21 - 26.

[61] 王戒躁. 芜湖长江大桥整体模型(施工阶段)试验研究[J]. 桥梁建设,1999,4: 26 - 31.

[62] 张宗玮,宋磊,聂远征. 闵浦大桥边跨钢桁架节点外包混凝土施工[J]. 上海公路,2009,1: 40 - 46.

[63] 王天亮. 钢桁梁整体节点试验研究[J]. 桥梁建设,1999,4: 32 - 40.

[64] 任伟平,李小珍,李俊,等. 大跨度钢桁梁主桁节点与横梁连接试验研究[J]. 钢结构,2007,95(5): 27 - 30.

[65] 任伟平,李小珍,李俊,等. 公轨两用钢桁桥轨道横梁与整体节点连接头的疲劳荷载[J]. 中国公路学报,2007,20(1): 79 - 84.

[66] 王天亮,王邦楣,潘东发. 芜湖长江大桥钢梁整体节点疲劳试验研究[J]. 中国铁道科学,2001,22(5): 93 - 97.

[67] 高宗余,李小珍,强士中. 大跨度公轨两用桥轨道横梁与整体节点连接疲劳试验研究[J]. 铁道学报,2007,29(3): 78 - 83.

[68] 李俊,李小珍,任伟平,等. 轨道横梁与整体节点连接的疲劳试验[J]. 西南交通大学学报,2006,41(3): 371 - 375.

[69] 叶梅新,江锋. 芜湖桥板桁组合结构的研究[J]. 铁道学报,2001,23(5): 65 - 69.

[70] 谭莹,田启贤. 板桁组合结构的受力特性及其空间分析方法[J]. 铁道建筑,2001,8: 2 - 5.

[71] 唐琎,叶梅新. 钢桁梁-混凝土板结合梁剪力连接件的布置位置[J]. 长沙铁道学院学报,1998,16(4): 11 - 14.

[72] 何畏,李乔. 板桁组合结构体系受力特性及计算方法研究[J]. 中国铁道科学,2001,22(5): 65 - 72.

[73] 陈玉骥,叶梅新. 简支下承式桁梁结合梁的模型试验[J]. 中国铁道科学,2004,25(6): 82 - 87.

[74] 秦顺全. 芜湖长江大桥板桁组合结构斜拉桥建造技术[J]. 土木工程学报,2005,38(9): 94 - 98.

[75] 高宗余,张强,王应良. 组合结构主梁斜拉桥设计进展[J]. 铁道勘察(增刊),2007: 50 - 53.

[76] 黄生富,刘玉擎. 桁腹式组合结构桥梁的构造特点[C]//全国桥梁学术会议论文集. 北京: 人民交通出版社,2007: 226 - 230.

[77] 王倩,刘玉擎,黄生富. 桁腹式组合梁桥节点构造研究[C]//十八届全国桥梁学术会议论文集. 北京: 人民交通出版社,2008: 1030 - 1034.

[78] Viest I M. Investigation of stud shear connectors for composite concrete-steel T-beams [J]. Journal of American Concrete Institute, 1956, 27(8): 875 - 891.

[79] Chinn J. Pushout test on lightweight composite slabs [J]. Engineering Journal, AISC, 1965, 2(4): 129 - 134.

[80] Isabel B Valente, Paulo J S Cruz. Experimental analysis of shear connection between steel and lightweight concrete [J]. Journal of constructional steel research, 2009, 65: 1954 - 1963.

[81] Li A, Krister C. Push-out tests on studs in high strength and normal strength concrete [J]. Journal of constructional steel research, 1996, 36(1): 15 - 29.

[82] Shim C S, Lee P G, Yoon T Y. Static behavior of large stud shear connectors [J]. Engineering structures, 2004, 26: 1853 - 1860.

[83] Lee P G, Shim C S, Chang S P. Static and fatigue behavior of large stud shear connectors for steel — concrete composite bridges [J]. Journal of Constructional Steel Research, 2005,61: 1270 - 1285.

[84] Lam D. Capacities of headed stud shear connectors in composite steel beams with precast hollowcore slabs [J]. Journal of Constructional Steel Research, 2007, 63: 1160 - 1174.

[85] Jeong Y J, Kim H Y, Kim S H. Partial-interaction analysis with push-out tests [J]. Journal of Constructional Steel Research, 2005, 61: 1318 - 1331.

[86] Ellobody E, Young B. Performance of shear connection in composite beams with profiled steel sheeting [J]. Journal of Constructional Steel Research, 2006, 62: 682 - 694.

[87] Nguyen H T, Kim S E. Finite element modeling of push-out tests for large stud shear connectors [J]. Journal of Constructional Steel Research, 2009, 65: 1909 - 1920.

[88] Kim H H, Shim C S. Experimental investigation of double composite twin-girder railway bridges [J]. Journal of Constructional Steel Research, 2009, 65: 1355 - 1365.

[89] Hanswille G, Porsch M, Ustundag C. Resistance of headed studs subjected to fatigue loading Part I: Experimental study [J]. Journal of Constructional Steel Research, 2007, 63: 475 - 484.

[90] Xue W, Ding M, Wang H, et al. Static behavior and theoretical model of stud shear connectors [J]. Journal of Bridge Engineering, ASCE, 2008: 623 - 634.

[91] Pallares L, Hajjar J F. Headed steel stud anchors in composite structures, Part I: Shear [J]. Journal of Constructional Steel Research, 2010, 66: 198 - 212.

[92] Okada J, Yoda T, Lebet J P. A study of the grouped arrangments of stud connectors on shear strength behavior [J]. Structural Engineering, JSCE, 2006, 23(1): 75 - 89.

[93] Hanswille G, Porsch M, Ustundag C. Resistance of headed studs subjected to fatigue loading Part II: Analytical study [J]. Journal of Constructional Steel Research, 2007, 63: 485 - 493.

[94] Pallares L, Hajjar J F. Headed steel stud anchors in composite structures, Part

II: Tension and interaction [J]. Journal of Constructional Steel Research, 2010, 66: 212 - 228.

[95] Kalfas C, Pavlidis P, Galoussis E. Inelastic behaviour of shear connection by a method based on FEM [J]. Journal of Constructional Steel Research, 1997, 44: 107 - 114.

[96] Gattesco N, Giuriani E. Experimental study on stud shear connectors subjected to cyclic loading [J]. Journal of Constructional Steel Research, 1996, 38: 1 - 21.

[97] Shim C S, Lee P G, Chang S P. Design of shear connection in composite steel and concrete bridges with precast decks [J]. Journal of Constructional Steel Research, 2001, 57: 203 - 219.

[98] Moy S S J, Tayler C. The effect of precast concrete planks on shear connector strength [J]. Journal of Constructional Steel Research, 1996, 36: 201 - 213.

[99] Saari W K, Hajja J F, Schultz A E, el at. Behavior of shear studs in steel frames with reinforced concrete infill walls [J]. Journal of Constructional Steel Research, 2004, 60: 1453 - 1680.

[100] Mirza O, Uy B. Behaviour of headed stud shear connectors for composite steel-concrete beams at elevated temperatures [J]. Journal of Constructional Steel Research, 2009, 65: 662 - 674.

[101] Ernst S, Bridge R Q, Wheeler A. Push-out tests and a new approach for the design of secondary composite beam shear connections [J]. Journal of Constructional Steel Research, 2009, 65: 44 - 53.

[102] Smith A L, Couchman G H. Strength and ductility of headed stud shear connectors in profiled steel sheeting [J]. Journal of Constructional Steel Research, 2010, 66: 748 - 754.

[103] 刘玉擎,武建敏,蒋劲松.使用状态对焊钉连接件抗剪性能影响的试验研究[J].桥梁建设,2007,6: 3 - 25.

[104] 周伟翔.连续组合梁桥钢与混凝土连接试验研究[D].上海:同济大学,2007.

[105] Lorenc W, Kubica E. Behavior of composite beams prestressed with external

tendons: Experimental study [J]. Journal of Constructional Steel Research, 2006, 62: 1353 - 1366.

[106] Eurocode - 4. EN 1994. Design of composite steel and concrete structures. Part 1 - 1 General rules for buildings [J]. Brussels: CEN-European Committee for Standardisation, 2004.

[107] AASHTO LRFD. Bridge design specifications [M]. 3rd ed. American association of state highway and transportation officials, Washington, D. C.: 2004.

[108] 中华人民共和国建设部. GB 50017—2003 钢结构设计规范[S]. 北京：中国计划出版社，2003.

后 记

校园生活即将结束，不禁回想起几年来在同济度过的美好时光：一·二九运动场上的晨练，桥梁杯比赛时的欢笑；教研室里热烈的讨论，图书馆中静静的默读；音乐广场上的演奏，大礼堂播放的电影；三好坞内竹林中的鸟鸣，干训楼旁水杉树的挺拔；初春美丽的海棠、樱花和白玉兰，深冬令人欣喜的瑞雪；小外滩的喷泉，千秋园的孔子像。一幕幕浮现在眼前，心里无限留恋的同时也充满了对母校的感激之情。

首先要感谢母校的培养，在同济，聆听大师的教诲，学习大家的风范，品味名师的风采，感受学术的氛围，让我获益匪浅。

感谢导师刘玉擎教授，老师治学严谨，事必躬亲，思想敏锐，求真务实，老师胸怀广阔，平易近人，循循善诱，言传身教，让我真正体会到什么是“学高为师，德高为范”。我在同济求学这几年里，无论从入学还是到就业，无论从学习还是到工作，无论从思想还是到生活，都得到了老师无微不至的关怀和帮助，我的每一点点进步都凝聚了老师的心血。在此，谨向老师表示由衷的感谢！老师的恩情我永远也不会忘记！

感谢钢与混凝土组合结构桥梁教研室的全体老师，谢谢你们对我无私的帮助和支持。

感谢 602 研究室所有的同学，与你们在一起的日子充满了欢乐，我们的情谊将永远铭记在我的心中。

感谢所有帮助、支持和关心我的人。

感谢所有的读者朋友，希望本书能够对你们有所帮助，也恳请你们对本书中存在的不足之处提出批评和建议，谢谢！

薛东焱